CÓMO SER UN EXCELENTE ASESOR DE GRUPOS CELULARES

ENSEÑANZAS PRÁCTICAS PARA APOYAR Y GUIAR A LOS LÍDERES DE GRUPOS CELULARES

Editorial CLIE
Galvani, 113
08224 TERRASSA (Barcelona) España
E-mail: libros@clie.es
Web: http://www.clie.es

CÓMO SER UN EXCELENTE ASESOR DE GRUPOS CELULARES
Enseñanzas prácticas para apoyar y guiar a los líderes de grupos celulares
JOEL COMISKEY

Publicado originalmente por Cell Group Resources™ con el título
«How to Be a Great Cell Group Coach» Practical Insight for Supporting and Mentoring Cell Group Leaders
Cell Group Resources es la división de TOUCH® Outreach Ministries para la publicación de libros. www.touchusa.org

Copyright © 2003 by Joel Comiskey
Para mayor información: http:/www.cellchurchsolutions.com/index.html

© 2005 Editorial CLIE para la versión en castellano

Traducción: Edmundo Goodson

Todas las citas bíblicas han sido tomadas de la Santa Biblia, Versión Reina-Valera 1995, de las Sociedades Bíblicas Unidas. Usada con permiso.

Depósito Legal: B-33146-2005 European Union
ISBN: 84-8267-497-8

Impreso en Publidisa

Printed in Spain

Clasifíquese: 400 PASTORAL: Formación del líder
            CTC: 01-05-0400-13
Referencia: 22.46.21

Joel Comiskey

CÓMO SER UN EXCELENTE ASESOR DE GRUPOS CELULARES

ENSEÑANZAS PRÁCTICAS PARA APOYAR Y GUIAR A LOS LÍDERES DE GRUPOS CELULARES

editorial clie

Elogios

«*¡Cómo ser un Excelente Asesor de Grupos Celulares* es un libro súper! Es un libro oportuno basado en verdades eternas. Es pertinente, práctico, memorable, utilizable y poderoso. Éste podría ser el mejor y más importante libro que Comiskey haya escrito. No puedo esperar para que llegue a las manos de todos nuestros asesores.»

DAVE EARLEY
Pastor Titular, Iglesia Nueva Vida
Autor de 8 Hábitos de los Líderes de los Grupos Pequeños

«¡Súper! En este libro Comiskey ha compilado lo mejor de lo mejor de la ayuda práctica e historias inspiradoras para ayudar a cualquier asesor para ministrar mejor a sus líderes. El Dr. Cho en cierta oportunidad llamó a un asesor «el miembro más importante de la iglesia», porque si los asesores están cuidando bien a sus líderes, los líderes estarán entonces cuidando mejor a sus miembros. El libro de Comiskey bien vale la pena lo que pesa en oro para cualquier aspirante o existente asesor.»

KAREN HURSTON
Ministerios Hurston

«¡Este libro es una adición bienvenida a la literatura sobre la iglesia celular. Desde la edificación de relaciones fuertes que duran toda la vida, "representaciones" perfeccionadoras y la localización de los problemas, Joel Comiskey cubre con precisión las habilidades que se necesitan para un asesoramiento eficaz. Aprenda las habilidades interpersonales y cómo desarrollar a los líderes mientras fortalece y motiva a su equipo. ¡Lea este libro!»

BILLY HORNSBY
Director de la Asociación de Iglesias Relacionadas

«Estoy muy agradecido por el nuevo libro de Joel Comiskey y estoy adquiriendo uno para todos mis asesores de los grupos pequeños. Él comunica tanto los principios y las cosas prácticas que los ayudarán a llevar su asesoramiento a un nuevo nivel.»

JIM EGLI
Pastor de los Grupos Pequeños, Iglesia Vineyard, Champaign, IL.

«El error número uno que cometen los pastores celulares es pensar que las células funcionarán solas. Si los líderes celulares han de dirigir, guiar y pastorear de forma genuina a las personas en sus células, deben tener un asesor que esté dirigiendo, guiando y pastoreándolos a ellos. Desde mi experiencia, los asesores celulares son la clave para una estructura celular eficaz. Sin embargo, los asesores celulares a menudo no saben lo que tienen que hacer. De eso se trata el libro de Joel. Es práctico y realizable. Cualquier asesor celular que lea este libro será un mejor asesor al terminar su lectura.»

JAY FIREBAUGH
Pastor titular, Iglesia Clearpoint

«Joel ha tomado nuevamente un componente vital de un desarrollo saludable del liderazgo y lo ha traducido en una aplicación práctica para una iglesia basada en células. El asesoramiento es crítico para los líderes en vías de desarrollo en todos los niveles. Si los asesores de los grupos celulares leen y aplican los principios en este libro no solo encontrarán que son líderes más eficaces, sino que sus líderes celulares y grupos celulares serán cada vez más saludables.»

BOB LOGAN
Director Ejecutivo, CoachNet, Inc.

«Cuando trabajo con las iglesias, el consejo que doy más a menudo tiene que ver con la urgente necesidad de aumentar el nivel y la calidad del asesoramiento de los líderes de sus grupos celulares. Este recurso prácticamente explica todos los aspectos del asesoramiento y cumple plenamente con lo que dice su título. Si usted aplica estos principios, realmente llegará a ser un exitoso asesor de los grupos celulares.»

RANDALL NEIGHBOUR
Editor titular, Revista CellGroup

«El asesoramiento ungido es el elemento clave para la formación de una iglesia basada en células a partir de grupos celulares exitosos. Este nuevo libro de Joel nos entrena de una forma dinámica para vivir el estilo de vida de un asesor que constantemente está dando nacimiento y desarrollando nuevos ministros y ministerios.»

ALAN CORRICK
Pastor Celular, Puerta de Esperanza

«Un recurso tremendo en un pequeño paquete. La Necesidad número uno en el liderazgo es un asesoramiento eficaz. Aquí está la herramienta más práctica, clara y fácil de seguir para ayudar a los asesores para capacitar a los líderes para llevarlos a la excelencia. Una retroalimentación eficaz, diagnóstico de los problemas, advertencias y hábitos para el asesoramiento, están todos incluidos en este libro.»

BRUCE CRAMMER
Pastor de los Grupos Celulares, Iglesia Shepherd of the Hills

Reconocimientos

Le corresponde a Jeff Lodgson un reconocimiento especial, que es el Pastor Asociado en la Iglesia Flipside, una congregación postmoderna en Rancho Cucamonga. Dios puso a Jeff Lodgson en mi vida en un punto crucial en mi jornada. En ese momento, yo debía ser un asesor, pero estaba trabajando como consultor y no tenía la más remota idea de que ambos eran diferentes. Jeff me proporcionó los materiales y la consejería, reuniéndose conmigo en varias oportunidades para enseñarme los conceptos y principios para el asesoramiento. Le debo a las enseñanzas de Jeff muchas de las ideas que están incluidas en este libro.

También estoy sumamente agradecido por el excelente trabajo de Jay Firebaugh sobre el asesoramiento para los líderes celulares y por su generosidad al compartir los principios para el asesoramiento conmigo.[1]

Quiero agradecer a Bob Logan por su enseñanza general sobre el asesoramiento. Logan, que sabe más que cualquiera sobre el asesoramiento, ha enseñado estos conceptos sobre el asesoramiento por muchos años y es el promotor principal del asesoramiento cristiano hoy día (también discípulo de Jeff Lodgson).

Capacitando a los Líderes por Medio del Asesoramiento, una serie de cassettes de Audio por Steven L. Ogne y Thomas P. Nebel, ha tenido un impacto poderoso en mi vida. Las divisiones principales de los capítulos de este libro (Escuche, Anime, etc.) fueron obtenidas de los conceptos en la serie de audio de Ogne y Nebel.[2]

Contenido

Introducción

La palabra «asesor» (en inglés, *coach*) viene de un antiguo término húngaro que se refería a los carruajes que se hacían en el pueblo de Kocs. En la frontera americana occidental, el carruaje grande tirado por caballos se llamó «diligencia» (*stagecoach*, en inglés). El uso del término evolucionó en el siglo XIX como una parte de la jerga universitaria con el significado de un instructor o asesor, «la idea era que el estudiante era conducido a través del examen por el tutor como si él estuviera montando en un carruaje.»[1]

Hoy día la mayoría de las personas piensa en un asesor como una persona que ayuda a los atletas para que tengan éxito –que los impulsa hacia delante y les ayuda a hacer lo que ellos no podrían lograr solos. En el mundo del atletismo, la meta de un asesor es la de mover su equipo hacia un campeonato. Pero los métodos usados por diferentes asesores varían. Len Woods escribe lo siguiente: «Hay asesores deportivos exitosos de todas las marcas. … Están los tipos duros de la "vieja escuela" como Vince Lombardi y Bear B. Bryant, los "volcanes humanos" como Bobby Knight y Mike Ditka, los "maestros caballeros" como Juan Wooden y Dean Smith, los "gurús motivadores" como Phil Jackson, y los "favoritos de los jugadores" como el Duque de Mike Krzyzewski».[2]

Las mismas ideas se aplican al asesoramiento en la iglesia. La meta de los asesores cristianos es de acercar a las personas a Jesucristo. Pablo expresó su meta como un asesor cristiano: «Nosotros anunciamos a Cristo, amonestando a todo hombre y enseñando a todo hombre en toda sabiduría, a fin de presentar perfecto en Cristo Jesús a todo hombre. Para esto también trabajo, luchando según la fuerza de él, la cual actúa poderosamente en mí» (Colosenses 1:28-29). El asesor cristiano se esfuerza por impulsar a las personas hacia delante, hacia la semejanza con Jesucristo, sabiendo que la corona final es la que durará para siempre (1 Corintios 9:25).

LOS ASESORES DE LOS GRUPOS CELULARES

Los grupos celulares o los grupos pequeños han llegado a ser el punto de concentración de muchas iglesias alrededor del mundo.

Los grupos celulares son emocionantes porque proporcionan un lugar donde las personas pueden compartir sus vidas unos con otros, las personas pueden alcanzar a los que no son creyentes sin utilizar las tácticas de evangelización de alta presión y las personas comunes pueden llegar a ser los nuevos líderes. Generalmente los pastores y los líderes de la iglesia que aprenden acerca de la visión de los grupos celulares llegan a estar increíblemente entusiasmados por lo que podría llegar a suceder en sus iglesias.

A menudo estas iglesias empiezan con la formación de los grupos y se concentran en reclutar líderes para los grupos celulares. En cuanto los líderes hayan sido capacitados, son liberados para dirigir sus grupos. Pero la mayoría de las iglesias que hacen esto se enfrentan con un problema: carecen de asesores calificados. Sin un asesoramiento sólido, el entusiasmo inicial de los grupos pequeños desaparece. Los líderes que en un comienzo estaban tremendamente entusiasmados sobre los grupos celulares se hallan después agotados, deseando estar involucrados en un ministerio menos exigente. Sin asesoramiento, los grupos celulares que en determinado momento eran saludables empiezan a morir de muerte lenta y dolorosa.

¿La importancia de asesorar?[3]

1. *El asesoramiento mantiene la intensidad de la motivación del líder de un grupo.* El asesoramiento consistente puede mantener a un líder inspirado y agudo.
2. *El asesoramiento puede mejorar la habilidad del liderazgo del líder de un grupo.* Las pequeñas diferencias en la estrategia (junto con pequeños errores) hacen la diferencia entre ganar y perder.
3. *El asesoramiento puede impedir los desastres antes de que ocurran.* El desaliento puede ser tratado antes de que se vuelva mortal.
4. *El asesoramiento ayuda a los líderes a trabajar juntos como un equipo.* La cooperación previene contra el aislamiento enfermizo y fomenta la unidad.
5. *El asesoramiento puede fomentar el descubrimiento y el desarrollo de nuevos líderes.* Un sistema de grupos crece cuando los nuevos líderes potenciales son descubiertos en los grupos saludables existentes.

David Cho, fundador y pastor de la iglesia más grande en la historia del cristianismo dijo en cierta oportunidad: «La clave detrás del sistema celular es el asesor».[4] La investigación de Dwight Marable y de Jim Egli confirma esto. Ellos hicieron encuestas en las iglesias de grupos pequeños alrededor del mundo y descubrieron que el asesoramiento era el elemento clave para asegurar el éxito del grupo celular a largo plazo. Egli dice: «Estudiamos seis elementos de la iglesia en nuestra investigación. El asesoramiento superaba incluso el entrenamiento y la oración».[5]

Así como los mejores atletas del mundo requieren de sus asesores para ayudarles a jugar sus mejores juegos, del mismo modo sucede con los mejores líderes celulares. Ningún líder celular, no importa cuán dotado de dones o cuán bien entrenado esté, podrá dirigir tan eficazmente él solo, como con la ayuda de un asesor de un grupo celular.

¿Qué es un asesor de un Grupo Celular?

Un asesor celular capacita a los líderes celulares con las herramientas, el conocimiento y oportunidades que necesitan para desarrollarse y para llegar a ser más eficaces.[6] Un asesor celular anima, nutre y desafía a los líderes celulares para crecer y multiplicar sus grupos celulares.

La palabra «asesor» describe el papel que alguien representa cuando él/ella apoya a los líderes celulares bajo su cuidado. No es un término sagrado. En realidad, las iglesias utilizan muchos términos para identificar el papel desarrollado por el asesor de los grupos celulares: supervisor, líder de sección, líder de G-12, supervisor celular, patrocinador celular, incluso «L» (el número romano por 50).

El propósito de este libro no es el de prescribir una estructura específica para el número de líderes de grupos celulares que un asesor debe supervisar. Este número varía de una iglesia a otra, dependiendo en la visión de la iglesia y la capacidad del asesor. El punto es que un asesor de un grupo celular supervisa por lo menos a otro líder de un grupo celular. Para mayor información sobre la estructura del asesoramiento podrá leer mis libros *Grupos de Doce* y *De Doce a Tres.*[7]

Así como un líder de un grupo celular no está solo, tampoco lo está el asesor de un grupo celular. Él o ella también es cuidado por otro líder, generalmente un pastor del personal (aunque en las iglesias más grandes éste podría no ser el caso). Las iglesias basadas en los grupos celulares exitosas han desarrollado a otras personas para cuidar a los asesores celulares así como a los líderes celulares, para que todas las personas sean nutridas y protegidas –desde el pastor titular hasta el último de los miembros celulares.

Es fácil para los líderes de la iglesia llegar a estar tan enamorados con la estructura del grupo celular que no entienden los papeles dentro de esa estructura. Tantas personas me han confesado: «¡Joel, yo no sé cómo asesorar! Yo conozco la estructura y la logística, pero no sé qué hacer cuando realmente estoy asesorando. ¡Por favor, ayúdeme!».

¿Por qué el asesoramiento?

«Como aguas profundas es el consejo en el corazón del hombre, pero el inteligente sabe alcanzarlo.»
–Proverbios 20:5

Para peor, hay muy poco material acerca del papel del asesor de los grupos celulares. Hay muchos recursos disponibles acerca de cómo dirigir los grupos celulares, cómo asesorar a los líderes y cómo empezar un sistema de grupos celulares en una iglesia. Pero poco se ha dicho sobre lo que un asesor hace realmente para ayudar a que los líderes de sus grupos celulares lleguen a ser más eficaces.

Lo que un asesor no es

Muchas personas han llegado a ser asesores de los grupos celulares solo para terminar frustrados. La mayoría de estas frustraciones provienen de los malos entendidos con respecto al papel del asesoramiento.

La mayoría de las personas confunde el asesoramiento con la consultoría. Los consultores son expertos que proporcionan un asesoramiento sabio y consejos, a corto plazo, a un cliente. Los consultores tienen un papel importante, pero cuando los asesores de los grupos celulares adoptan este modelo, hay dos peligros por lo menos.

**Primer peligro:
Creación de dependencia.** El líder está obligado a depender del experto y raramente se aparta de dicha dependencia. Un asesor, por otra parte, es alguien que escucha y anima con la meta de capacitar a los líderes para que sean todo lo que Dios quiere que sean.
**Segundo peligro:
Una sobrecarga de información que no funciona a largo plazo.** La información es necesaria para dirigir y multiplicar un grupo celular con éxito. El mayor obstáculo, sin embargo, es la aplicación práctica de esa información a largo plazo. Los consultores proporcionan la información para un propósito predeterminado, mientras que un asesor se concentra en trabajar con los líderes de los grupos celulares durante un largo período de tiempo en cualquier asunto importante.

Cumpliendo el sueño del líder

«Este [asesoramiento] es diferente de la consultoría, por ejemplo, donde el consultor proporciona su pericia especializada y muy a menudo establece la agenda para la relación. El trabajo del asesor es el de ayudar… [a las personas] a clarificar su misión, propósito y metas y para ayudarles a lograr ese resultado.»[8]

Otro concepto erróneo sobre los asesores es que ellos son los gerentes medios. Muchos asesores se sienten como si ellos fueran los que mueven los papeles y que solo transmiten la información a sus líderes de los grupos celulares y se aseguran de que sus líderes entreguen sus informes a tiempo. La imagen del asesor como el gerente medio despersonaliza el ministerio y desorganiza o incluso destruye el ministerio del grupo celular. Cuando los asesores son simplemente modelos que impulsan la información y verifican los hechos para los líderes de los grupos celulares, establecen un modelo equivocado para la imitación de los líderes celulares.

Otro concepto erróneo más es que el asesor es un consejero, una persona a quien acuden los líderes celulares cuando enfrentan los problemas mayores. Un asesor no espera que un líder celular venga con sus preocupaciones o quejas. Un asesor debe apoyar proactivamente a sus líderes celulares, buscando de interceptar los problemas antes de que éstos se produzcan.

A veces un asesor proporcionará consejo, actuará como un gerente medio y servirá como un consejero en situaciones de crisis, pero dichos papeles no deben ser el punto de enfoque. Un asesor es alguien que ayuda a otra persona a cumplir su vocación ordenada por Dios.

Los mejores asesores están en la batalla

Algunos asesores ven su papel como una graduación del ministerio práctico en el grupo celular. Esto no podría estar más lejos de la verdad. Para poder estimular a los líderes celulares, un asesor debe poder decir: «Yo estuve allí». Los asesores deben participar al menos en un grupo celular para seguir experimentando la vida celular a fin de que sus vidas hablen como modelos. Mejor aún es que los asesores sigan dirigiendo un grupo celular mientras están entrenando. (Esto se puede hacer generalmente cuando se está entrenando a tres líderes o menos.)

Los mejores asesores son los que han dirigido con éxito y han multiplicado un grupo celular. ¿Por qué? Porque saben cómo es experimentar el dolor de dar a luz, las alegrías del ministerio y las luchas de la evangelización. Ellos pueden ofrecer una palabra fresca y el consejo relevante a los líderes que ellos están entrenando.[9]

Los hábitos de grandes asesores de Grupos de Células

Los mejores asesores de los grupos celulares abrazan hábitos comunes en el ministerio y apoyan a sus líderes. Los hábitos son prácticas que una persona realiza sin pensar en ellos. Llegan a ser una parte del carácter de una persona de modo que no necesitan de ningún esfuerzo consciente. Hay siete hábitos de los grandes asesores de los grupos celulares. Los grandes asesores:

➤ Reciben de Dios (capítulo 1)
➤ Escuchan al líder (capítulo 2)
➤ Estimulan al líder (capítulo 3)
➤ Cuidan al líder (capítulo 4)
➤ Desarrollan y entrenan al líder (capítulo 5)
➤ Establecen una estrategia con el líder (capítulo 6)
➤ Desafían al líder (capítulo 7)

Para adoptar estos hábitos, un asesor de un grupo celular tendrá que trabajar conscientemente en cada uno. Estos hábitos han sido escritos en una secuencia, como un plan de siete pasos, para ayudar a los asesores a volver a poner en orden sus hábitos para un asesoramiento eficaz. Yo he adaptado esta secuencia para el asesoramiento de una serie de cintas de audio titulado *Empowering Leaders through Coaching* (Capacitando a los Líderes por medio del asesoramiento) por Steven L. Ogne y Thomas P. Nebel.[10] Yo agregué el capítulo Reciba y he aplicado los conceptos que ellos nos enseñan tan bien al papel específico del asesor de los grupos celulares.[11]

«Los hábitos son factores poderosos en nuestras vidas. Porque son consistentes, a menudo modelos inconscientes, constante y diariamente expresan nuestro carácter y producen nuestra eficacia... o ineficacia.»[12]

En la Sección Primera (capítulos 1-7), se desarrollarán estos hábitos y se mostrará cómo se debe usar cada uno de ellos en una situación de asesoramiento –ya sea que se esté adiestrando a una sola persona o a un grupo de personas.

La Sección Segunda (capítulos 8-12), trata sobre el aumento de su autoridad como asesor (capítulo 8), diagnóstico de los problemas de los grupo celulares (capítulo 9), las diferentes etapas del asesoramiento celular (capítulo 10), la reunión celular (capítulo 11) y las visitas a los grupos celulares (capítulo 12).

DÉ LO QUE TENGA

Usted podría estar sintiéndose demasiado inadecuado para asesorar a alguien. Pero recuerde que Dios no está buscando asesores perfectos. Véase como un catalizador para ayudar en el desarrollo de otros (el asesor en oposición al consultor). No tenga temor de dar lo que tiene. Cuando lo haga, Dios verterá otra vez en su vida una nueva visión y sabiduría para que pueda continuar.

RASGOS ESPECIALES DE ESTE LIBRO

A lo largo de este libro, como en mi libro «Cómo Dirigir un Grupo Celular con Éxito», usted encontrará pautas y consejos prácticos que lo ayudarán a entender y aplicar los principios para un exitoso asesoramiento, revelando cómo implementarlos con sus líderes. Usted encontrará estas pautas especiales en los siguientes apartados.

Estas ideas rápidas y fáciles encenderán su propia creatividad.

Estos grandes testimonios y citas le ayudarán a mejorar su asesoramiento.

Estas estrategias probadas le proporcionarán de maneras prácticas para asesorar mejor.

Estas definiciones básicas o descripciones clarificarán las preguntas comunes acerca del asesoramiento celular.

LOS HÁBITOS
DE UN EXCELENTE ASESOR
DE GRUPOS CELULARES

Capítulo 1

RECIBA

Imagínese lo siguiente: usted está en la Casa Blanca esperando para conocer al Presidente de los Estados Unidos. En cinco minutos será su turno para saludarlo y ver la Oficina Oval. Se trata de la oportunidad de su vida. Usted está nervioso, expectante, sin embargo esperando de algún modo parecer relajado. Entonces usted ve que se abre la puerta y oye las palabras: «Pase, por favor».

Si el Presidente le pidiera que se encontrara con él en la Casa Blanca, ¿estaría usted allí en hora y estaría preparado para encontrarse con él?

Ahora considere esto: el Rey de Reyes, mucho más importante que cualquier dignatario del mundo, está solicitando su presencia. Él le está invitando a comparecer delante de Él y no está interesado en una «sesión fotográfica» o un apretón de manos una vez en la vida –Él quiere reunirse con usted todos los días.

Los grandes asesores necesitan tener mucha sabiduría y un estímulo constante. La mejor manera de conseguirlos es ir directamente a la fuente: A Jesucristo mismo. Reúnase con Dios antes de reunirse con sus líderes. Ellos se lo agradecerán.

El refrigerio de Dios

Dios habló unas palabras hermosas por medio del profeta Isaías: «¡Venid, todos los sedientos, venid a las aguas! Aunque no tengáis dinero, ¡venid, comprad y comed! ¡Venid, comprad sin dinero y sin pagar, vino y leche!» (Isaías 55:1-3).

Los asesores no tienen nada de verdadero valor para dar a sus líderes celulares aparte de lo que están recibiendo de Dios mismo. Para que su asesoramiento sea eficaz y fructífero, deben estar conectados con la fuente de poder.

Es importante pasar tiempo con Dios todos los días. Pero a veces, las circunstancias imprevistas hacen que esto sea imposible para los asesores. En esos días, un asesor debe decir simplemente: «Dios, yo te agradezco por tu gracia y te agradezco que no hay ninguna condenación para los que están en Cristo Jesús».

Dios nos mueve para que sigamos en pos de Él

Buscamos a Dios porque, y por la única razón, en primer lugar Él ha puesto dentro de nosotros un impulso que nos estimula a ir en pos de Él.» –A. W. Tozer[1]

Jesús dijo, en Mateo 6:34, algo que vale la pena que tengamos en consideración: «Basta a cada día su propio mal». Cada día tiene sus propias dificultades y pruebas. Alimentarse diariamente de la Palabra de Dios y recibir sus fuerzas hace que sea posible enfrentar esas pruebas para vivir una vida cristiana victoriosa.

TODO TIENE QUE VER CON EL RELACIONAMIENTO

Tener un tiempo todos los días con Dios no significa que se vaya a seguir una fórmula o mantener una lista de control legalista de las actividades «para hacer». Después de todo, «La variedad es lo que le da sabor a la vida»; normalmente lo mejor es que seamos flexibles cuando pasamos nuestro tiempo con Dios. Cuando me siento agobiado, me gusta derramar mi corazón delante de Dios. En otras ocasiones, leo más de la Palabra. Para llegar a conocer a Dios se requiere la misma clase de interacción espontánea que se necesita para el desarrollo de cualquier relación.

Cuando un marido y su esposa se sientan para hablar, ellos no tienen una lista de temas para discutir. Más bien, hay un devenir y flujo natural de la conversación. ¿Por qué? Porque la meta es llegar a conocerse más.

Del mismo modo, pasar un tiempo con Dios es para que por todos los medios lleguemos a conocer a Dios. El propósito es desarrollar una relación con Cristo Jesús.

Incluso Jesús, el Dios-hombre, empezaba todos los días con el Padre. La Biblia dice en Marcos 1:35 que Jesús fue para tener comunión con el Padre en secreto. Marcos lo expresa de este modo: «Levantándose muy de mañana, siendo aún muy oscuro, salió y se fue a un lugar desierto, y allí oraba». Esto era una parte natural de la vida de Jesús. Jesús sabía que su fuerza era el resultado del tiempo que pasaba con el Padre celestial.

La cita matutina de Cristo con su Padre lo sostenía y le daba nuevas fuerzas, pero Él no interrumpía la comunicación cuando había terminado. Más bien, Jesús se mantenía en una relación constante con el Padre a lo largo del día. Jesús gozaba de una comunión tan profunda con el Padre que podía decir con rotundidad: «Yo hago siempre las cosas que le agradan.»

El conocimiento de Dios implica una relación

«El conocimiento de Dios no viene a través de un programa, un estudio o por un método. El conocimiento de Dios viene a través de una relación con una Persona… A través de esta relación, Dios se revela a sí mismo, sus propósitos y sus caminos; y Él le invita para reunirse con Él adonde Él ya está trabajando.» –Henry Blackaby[2]

Lo que el tiempo devocional no es

➤ *Un rito religioso.* Más bien, es una relación con el Todopoderoso.

➤ *Únicamente para la lectura de la Biblia.* La Biblia proporciona el sustento espiritual del tiempo devocional, pero pasar un tiempo con Dios es más que la lectura de la Biblia.

➤ *Solamente oración.* La oración es solo una parte del tiempo devocional. También debe incluir la lectura de la Palabra de Dios, la adoración, confesión y el tiempo para escuchar a Dios.

➤ *La lectura de un Devocional.* Está muy bien tener un plan, pero es importante ir más allá del plan y entrar en la presencia de Dios mismo.

El poder para asesorar es un producto del desborde del amor de Dios. Lo único que tienen los asesores para dar es lo que Dios ya les ha dado a ellos. El tiempo devocional es el tiempo para cargarse y recibir nuevas fuerzas para poder impartir esta renovación a los demás.

La imagen de Dios en nosotros

«Dios moldea el corazón del líder para que agrande su propio corazón a través del líder.»[3]

EL TIEMPO DEVOCIONAL AYUDA A LOS ASESORES A CAMINAR CON DIOS

Pasar determinada cantidad de tiempo con Dios no significa que no tengamos necesidad de tener comunión con el Padre a lo largo del día. En realidad, ambas cosas son esenciales. Una alimenta a la otra. El tiempo personal con Dios da nuevas fuerzas y autoridad a los asesores para andar en el Espíritu durante el resto del día. Después de pasar un tiempo en su presencia, los asesores notarán una nueva atención hacia su presencia en sus actividades diarias.

«La vida espiritual no es algo que agregamos a una vida que ya está muy ocupada. De lo que sí estamos hablando es de impregnar e infiltrar y controlar lo que estamos haciendo con una actitud de servicio a Dios.» –Richard Foster[4]

Frank Laubach, autor de muchos libros sobre la oración, alfabetización y justicia, dice así: «Una hora devocional no sustituye la "constante permanencia" en Cristo, pero es una ayuda indispensable; es la forma correcta para empezar el día. Pero el día debe seguir bien. Debemos cultivar el hábito de volvernos a Dios todas las veces que nos detengamos en la tarea que estamos realizando y nos volteamos para preguntarnos qué hacer después».[5]

Tiempo devocional	Permanencia continua
➤ Recibir la plenitud de Dios	➤ Mantener la plenitud de Dios
➤ Estudiar la Palabra de Dios	➤ Recordar la Palabra de Dios
➤ Esperar en Dios	➤ Caminar con Dios
➤ Orar por asuntos particulares	➤ Orar en todo momento

El Espíritu de Dios es el más grande asesor de todos, el que le guiará a toda verdad. La Biblia dice: «Pero cuando venga el Espíritu de verdad, él os guiará a toda la verdad, porque no hablará por su propia cuenta, sino que hablará todo lo que oiga y os hará saber las cosas que habrán de venir» (Juan 16:13). Mientras usted camina con Dios tendrá oportunidad de ver su amor, poder y gracia que estarán fluyendo a través de usted. También podrá ayudar a otros porque ha sido a su vez ayudado por Él. Sabrá además cuándo ha sido puesto a punto y cuándo está fallando. La diferencia está en su tiempo con Dios.

EL PODER DE LA ORACIÓN DIARIA PARA LOS LÍDERES DE GRUPOS CELULARES

Scott Kellar empezó a dirigir su grupo celular en Escondido, California, en el año 2000, y ha estado dirigiendo un grupo celular desde entonces. Ya ha multiplicado su célula cuatro veces y cuida personalmente a los líderes celulares que él ha desarrollado. Scott cree que la clave, tanto de su éxito como del éxito de los líderes que él está adiestrando, radica en su oración por cada uno de ellos y en protegerlos por medio de la oración.

Scott empezó a orar por una de las líderes, Melisa, cuando ella todavía era una miembro de su célula. Después de orar por ella durante dos meses, él le comentó a Melisa acerca de la posibilidad de que ella un día llegara a dirigir una célula. Ella rechazó esa posibilidad en forma rotunda con las siguientes palabras: «No estoy preparada». Scott siguió orando por ella, pidiendo a Dios que abriera su corazón. Él esperó seis meses y volvió a acercarse a ella con la misma pregunta sobre la posibilidad de dirigir una célula. «Por supuesto», contestó ella. Ahora Melisa dirige su propia célula con éxito y Scott continúa adiestrándola a ella y a su marido.

Dios desea contestar

«La oración no significa vencer la indisposición de Dios; significa aferrarse a su mejor disposición.»
–Richard Trench, Arzobispo anglicano de Dublin[6]

Daljit Gill, un asesor de grupos pequeños muy eficaz que condujo la formación de aproximadamente 200 grupos celulares en Melbourne, Australia, narra una importante historia de asesoramiento.

Un líder celular que él entrenó tenía un miembro celular con una actitud muy mala hacia la célula, que compartía sus sentimientos a los demás en el grupo. Daljit le dijo al líder que orara «tomando autoridad sobre cualquier espíritu negativo que tuviera control sobre él y sobre su mente».

El líder celular y su esposo se dedicaron a la oración, declarando palabras positivas sobre el miembro celular y le enviaron tarjetas de aprecio a él y también a su familia. Semana tras semana las paredes se derrumbaron lentamente. Un día, el líder celular llamó a la oficina de este hombre y le dijeron que estaba enfermo en su casa. Durante su descanso a la hora del almuerzo, el líder celular fue a visitarlo. El líder de la célula oró por su miembro celular y le dio un gran abrazo de despedida. El hombre se quebrantó y reconoció su mal espíritu y egoísmo. Desde ese momento en adelante, este miembro celular le dio al líder celular total libertad para desafiarlo con respecto a su vida. ¡Hoy día son íntimos amigos y el miembro celular es ahora un líder celular y funcionando muy bien![7]

Mi esposa y yo adiestramos a una mujer soltera que se llamaba Janet que estaba luchando con el abuso emocional y físico sufrido en su niñez. Pasamos horas con ella tratando de ayudarla a desenredar las oscuras redes de miedo y autocondenación.

Una noche, por teléfono Janet me dijo que ella no podía manejarlo más y que se retiraba de la iglesia. Nosotros oramos y oramos y no sabíamos si la volveríamos a ver otra vez. Pero Dios estaba obrando en Janet y finalmente ella apareció de nuevo para seguir caminando en santidad. Janet no solo fue capaz de superar sus propias debilidades, sino que además está ayudando a otros a vencer sus problemas por medio de un liderazgo celular eficaz.

La oración diaria por los líderes celulares es un área donde los asesores cristianos, a diferencia de sus colegas seculares, pueden aventajar. El Espíritu de Dios está trabajando entre las sesiones de asesoramiento.

PROTECCIÓN POR MEDIO DE LA ORACIÓN

En la batalla de Saratoga, durante la Guerra Revolucionaria, los patriotas tenían la orden de disparar únicamente a los oficiales británicos «que trabajaban para ganar seis peniques» (es decir, poco dinero). La estrategia funcionó. Muchos creen, de hecho, que las fuerzas americanas ganaron la guerra porque se concentraron en matar a los líderes en lugar de a los soldados voluntarios.

Los líderes de los grupos celulares son guerreros de la vanguardia y por esta razón el diablo apunta su artillería pesada hacia ellos. Los asesores deben proteger a sus líderes celulares cubriéndolos con un escudo de oración que pueda resistir incluso el más feroz de los ataques.

La oración se necesita desesperadamente para proteger a los líderes celulares del ataque enemigo. Pablo comparte una verdad muy reveladora en 1 Corintios 5:3: «Ciertamente yo, como ausente en cuerpo pero presente en espíritu, como si estuviera presente he juzgado ya al que tal cosa ha hecho». La única manera que Pablo realmente podría estar presente era por medio de la oración. El poder de la oración le permite a un asesor más experimentado de estar con un líder celular nuevo todo el tiempo —aunque él o ella esté físicamente ausente. Mientras los asesores oran diariamente por sus líderes de los grupos celulares, Dios les concede la victoria con los líderes aun antes de verlos.

ESTRATEGIA

Pasos necesarios para la oración intercesora

➤ Discierna correctamente las necesidades de la persona
➤ Entre en el campo de batalla de la oración a favor de la persona
➤ Ore persistente y fervorosamente por sus necesidades.
➤ Regocíjese cuando Dios conteste sus oraciones.

Cristo oró por la protección de Sus discípulos, en Juan 17:15, en los siguientes términos: «No ruego que los quites del mundo, sino que los guardes del mal». Un asesor proporciona protección sobrenatural por medio de la oración intercesora. Cuando un asesor levanta diariamente a sus líderes celulares en oración, éstos lo sentirán y recibirán la transformación de Cristo.

Invadiendo el territorio enemigo por medio de la oración

«Llegué a ser un líder celular alrededor de septiembre de 1997. El lugar donde residía y en el cual me estaba implicando, estaba plagado de brujerías y pobreza. Yo estaba desanimado y frecuentemente pensaba abandonar la célula. El Espíritu Santo vivificó mi corazón con respecto a determinadas acciones específicas que tendrían que ser tomadas, y todas eran acciones espirituales de oración. Comencé la acción de oración dentro de mi célula que creció a una sección (5 células). Yo seguí la acción de oración que finalmente llevó a una zona (25 células) y después a dos zonas. El Señor lo hizo todo. Las células crecieron de tres células a treinta células en dos años... Cuando los poderes en los aires son quebrantados, la luz de Dios brilla de forma magnífica trayendo sanidad y redención a todos los que están heridos y destituidos.» –Un asesor celular en Uganda[8]

El Espíritu de Dios es el mejor asesor. Cuando los asesores oran por sus líderes, el Espíritu Santo empieza a obrar en sus vidas. Él desciende sobre ellos, dándoles la capacidad para oír y cumplir su voluntad diariamente. Mientras los asesores oran por los que están bajo su liderazgo, Dios les da una nueva visión de las necesidades de los líderes. Él guía a los asesores en sus amistades, sus palabras y su estímulo. Mientras ora por sus líderes diariamente, experimentará sus heridas y sus victorias; usted les ministrará en sus problemas a un nivel que usted nunca antes había soñado.

Capítulo 2

ESCUCHE

Imagínese yendo a la oficina de un doctor con una gran molestia física. En lugar de ayudarlo con sus dolencias, el doctor empieza a quejarse de sus propios problemas y le cuenta una historia tras otra de su propia vida. Usted asiente con su cabeza, tratando de actuar como si estuviera escuchando, pero por dentro usted está diciendo a gritos: «¡Usted tiene que concentrarse en mi persona, yo le estoy pagando para que me atienda!». Esta escena es absurda porque los pacientes esperan que los médicos se concentren en los problemas individuales de cada uno de ellos.

La responsabilidad del asesor del grupo celular es similar. Si un asesor se concentr en su propia historia –tal vez esté aun anhelando recibir más atención– en ese caso los líderes celulares no recibirán lo que necesitan. Un asesor debe cuidar a los líderes y darse por entero para satisfacer sus necesidades. Los líderes cuentan con el asesor para darles el 100 % de atención en cada momento del asesoramiento. Escuchar es la clave para proporcionar esa atención indivisa.

Un dicho de los Indios Cherokee

«Escuche los susurros y no tendrá que oír los gritos.»

El arte de escuchar

Recuerdo a un líder maduro, ya mayor, con quien yo quería establecer una gran amistad. Le invité para desayunar juntos, esperando que de esa forma pudiéramos dialogar. Él empezó la conversación, siguió la conversación y terminó la conversación –entre los bocados de la comida. En varias oportunidades intenté decirle algo, pero recibí el claro sentimiento que él estaba más interesado en sus propias palabras. Él asentía con la cabeza mientras preparaba su contestación. Yo me fui aturrullado y descorazonado, sabiendo que una verdadera interacción sería prácticamente imposible con él.

Cómo ganar amigos e influenciar a la gente

El libro de Andrés Carnegie, *Cómo ganar amigos e influenciar a las personas,* fue un bestseller revolucionario debido a su tema clásico. Haz a los demás lo que quieres que ellos te hagan a ti. Carnegie resaltó una necesidad humana básica –la necesidad de compartir nuestras historias. Pero los mejores amigos son los que escuchan bien y permiten que los demás compartan sus historias.

Mi consejo es el siguiente: No se concentre en la manera cómo está funcionando como asesor. Concéntrese en el progreso del líder. Los grandes asesores buscan de entender en lugar de ser entendidos. Ellos ven el asesoramiento desde la perspectiva de un líder. Para que un líder pueda ganar esa perspectiva, escuchar es importantísimo.

El asesoramiento de un experto requiere que el asesor sea un experto para escuchar, armonizado y versado, con la capacidad de maximizar la interacción para escuchar. Escuchar no es simplemente oír de manera pasiva, sino ocuparse activamente en la vida de un líder. Un asesor debe escuchar para detectar las señales de vida, las decisiones que está tomando el líder, la resistencia y la turbulencia con los que se enfrenta en el proceso.

Hay muchos libros disponibles para mejorar la habilidad para escuchar.[1] La prueba decisiva para saber si se está escuchando bien, sin embargo, es si la persona siente, o no, que la están escuchando. Cuando las personas sienten que las han escuchado y entendido, entonces allí se ha escuchado eficazmente.

Para escuchar se requiere de una intensa y seria concentración en lo que el líder está diciendo. La mente humana procesa ideas y pensamientos mucho más rápido que el tiempo que demora una persona para decirlos (de cinco a uno), de modo que es fácil que la mente se distraiga o piense en otras cosas cuando alguien está hablando.

PREPARÁNDOSE PARA ESCUCHAR

Existe una tarea que debemos realizar antes de la reunión en el momento que nos estamos preparando para escuchar a otra persona. Dicha preparación incluye pensar acerca de las circunstancias y ne-

ESTRATEGIA

Los beneficios de escuchar

➤ Aumenta el nivel de credibilidad.
➤ Aumenta la «cuenta bancaria» emocional del líder.
➤ Promociona la confianza y el bienestar –así como la amistad.
➤ Permite que el asesor pueda recoger los datos correctos.

cesidades del líder. Yo tengo un archivo para cada uno de mis líderes –notas que he tomado mientras estoy orando y en mi tiempo personal con ellos. Antes de una reunión, trato de repasar esas notas y orar por las necesidades del líder. Esto me ayuda a escuchar mejor. Con esto logro concentrarme en las necesidades de mis líderes, en lugar de pensar en las mías.

ESTRATEGIA

Obstáculos que nos impiden escuchar

➤ Una preparación insuficiente para la reunión de asesoramiento.
➤ Falta de oración con respecto a las preguntas que usted necesita preguntar.
➤ Una pobre comunicación corporal (por ejemplo, no mirar al líder a los ojos).
➤ Problemas personales sin resolver (por ejemplo, «el asesor necesita ser escuchado»).

Antes de que usted realmente pueda escuchar a alguien, tiene que preparar su corazón. Ya que usted enfrenta los mismos problemas, dificultades y miedos que los que enfrentan sus líderes, usted precisará un toque especial de Dios para enfocar en las necesidades de los líderes y no en las suyas. «Cuando usted se encuentra atrapado en un autoanálisis –defendiéndose, juzgando, sintiéndose fastidiado… su tarea inmediata es de liberarse. Usted tiene que quitar del camino toda esa confusión interior…»[2]

Por definición, un asesor es una persona que ayuda a otras a moverse de un lugar al siguiente, ya sean académicos, atletas o líderes celulares. Por lo tanto, es imposible que alguien sea un gran asesor a menos que el enfoque esté en ayudar a las personas que se están entrenando.

¡Pruebe esto!

Desarrolle un archivo de lo que escucha

Escuchar en oración rebosa en la posibilidad de escuchar a sus líderes. Si es posible, abra un archivo o una carpeta del líder que usted está adiestrando (por ejemplo, un archivo con un procesador de palabras). Agregue los nuevos conocimientos que usted recoge durante cada sesión de asesoramiento –además de los que Dios le muestra en oración.

Una de mis peores experiencias de asesoramiento sucedió cuando yo era incapaz de concentrarme en el líder. Mi familia perdió su plan de salud familiar y yo estaba luchando para eliminar mis sentimientos de enojo contra la persona que se olvidó de renovarlo. Al día siguiente yo tenía una cita personal con uno de mis líderes. Yo deseaba concentrarme en él, pero seguía regresando a mí mismo y a mis necesidades porque no había podido desenredar mis pensamientos, cuidados y preocupaciones. La reunión resultó un desastre.

La única manera como usted puede separarse totalmente y concentrarse en sus líderes es a través de la oración y meditación. Únicamente cuando usted se libera por medio del Espíritu de Dios es cuando podrá escuchar totalmente cuáles son las necesidades de sus líderes.

ESTRATEGIA

Escuchar para la agenda del líder

Un buen asesor obtendrá la agenda del líder, en lugar de trabajar desde una fórmula rígida. Un asesor puede tener algunas ideas preconcebidas de lo que quiere tratar, pero esas ideas deben cambiar después de escuchar al líder.

VARIOS NIVELES DE ESCUCHAR

¿Ha tenido alguna vez un amigo que usted consideró que era un buen oyente? Esos amigos hacen que sea fácil compartir con ellos, sobre todo cuando se les compara con las personas que no son buenos oyentes. Las personas escuchan en tres niveles diferentes. El nivel I de escuchar es cuando se pone el mínimo esfuerzo para escuchar. El oyente podría estar barajando sus propios pensamientos mientras otra persona está hablando. El nivel I de escuchar es cuando se escucha la radio y al mismo tiempo se pone toda la atención al tránsito en una hora punta. Por otra parte, el nivel II de escuchar es cuando se presta atención a todas las palabras. Un ejemplo del nivel II de escuchar es cuando un estudiante pasa un examen basado en la conferencia del profesor. El nivel III de escuchar va más allá de escuchar las palabras: también se captan los gestos, las emociones y lo que el Espíritu de Dios está diciendo a través de la situación.

NIVEL I DE ESCUCHAR

Sara, mi hija mayor, volvía en cierta oportunidad de la casa de una vecina, diciendo: «Todas las veces que voy a la casa de ella, está encendida la televisión, pero no hay nadie que le preste atención.» Muchas familias se han acostumbrado tanto al murmullo continuo de la televisión o de la radio, que han llegado a sintonizar sus oídos de modo que consiguen ignorar lo que se está diciendo.

El nivel I de escuchar ocurre cuando alguien escucha solamente de forma parcial a otra persona. El asesoramiento superficial tiene lugar en el nivel I. Esto sucede cuando un asesor se concentra en lo que el líder va a decir en lugar de lo que el líder realmente está diciendo. Durante el nivel I de escuchar, el asesor sólo está escuchando para responder –tratando de obtener suficiente información como para responder con mayor eficacia.

Con el nivel I de escuchar, el asesor tiene una idea de lo que debe decir pero sólo necesita más información para decirlo mejor. El nivel I de escuchar está «consultando escuchando» porque el enfoque se concentra en lo que el asesor quiere lograr. En efecto, el asesor le está diciendo al líder que lo que él como experto tiene para decir es lo más importante.

Tengo que confesar que la mayor parte de mi escuchar tuvo lugar en el nivel I antes de que yo entendiera realmente de qué se trataba el asesoramiento. Yo asistía a una reunión en calidad de consultor, oyendo las palabras de mis líderes mientras me preparaba para darles mi contestación. En realidad, yo solamente escuchaba a mis líderes lo suficiente como para mejorar lo que yo les quería decir. Yo estaba escuchando para hablar. Mi asesoramiento en aquel momento era «orientado a Joel Comiskey», en lugar de ser orientado hacia el líder. Yo escuchaba para ofrecerles mis consejos. Después teníamos otras reuniones para asegurarme que habían seguido mis consejos.

Nivel I de escuchar en la Peluquería

Mi peluquera es una mujer muy conversadora. Siempre que puedo, trato de hablarle de Dios. En cierta oportunidad le pregunté qué pensaba ella de Jesucristo, creyendo que me daría una respuesta mientras cortaba mi pelo, y yo escucharía poniendo mucha atención a lo que decía. Ella contestó muy emocionada acerca de todas las buenas obras que ella había hecho para Dios. Lamentablemente, el negocio era lento, y de vez en cuando ella dejaba de cortarme el pelo para hablar. Yo tenía una cita poco después de que me cortara el cabello, así que cada vez que ella bajaba la navaja para charlar, yo me ponía nerviosa. Cuando ella dejaba de cortarme el pelo, mi nivel de escuchar bajaba al nivel I. Yo no quería animarla para seguir compartiendo.

NIVEL II DE ESCUCHAR

El nivel II de escuchar va más allá del nivel I en el sentido de que el asesor intenta enfocar completamente en lo que el líder está diciendo. Él o ella no está pensando en el próximo compromiso en la agenda. En cambio, el asesor permite que la agenda se presente por medio del fruto de escuchar. El nivel II se concentra en las palabras que se están diciendo –obteniendo los datos correctos. Un asesor que escucha en el nivel II busca entender todo lo que se le dice.

Hace poco mi madre acompañó a mi padre de 79 años de edad para ver al neurólogo. Ella quería practicar el nivel II de escuchar, entendiendo todo lo que el doctor tenía para decirle con respecto a la condición de mi padre y el remedio prescrito. Las palabras que el doctor habló le permitirían a mi madre darle una mejor atención a mi padre.

Cuando un asesor entra en el nivel II de escuchar, la concentración está en lo que el líder está diciendo. Los comentarios del líder o sus preguntas dirigirán el flujo de la interacción. Si, por ejemplo, el líder celular está preocupado acerca de la manera cómo debe manejar un hablador excesivo durante las reuniones de su grupo, el asesor escuchará cómo el líder celular se siente con respecto a esta persona y después tendrá una tormenta de ideas con el líder para descubrir de qué manera se le podría ayudar. En otros términos, un asesor no estaría practicando el nivel II de escuchar si él contara una historia inmediatamente sobre uno de sus habladores excesivos o si le da una lista de tres puntos sobre la manera cómo manejar a un hablador en un grupo celular. El nivel II de escuchar permite que el líder complete su historia sin que el asesor le proporcione arreglos rápidos para las situaciones difíciles.

NIVEL III DE ESCUCHAR

En el nivel III de escuchar, el asesor también se apoya en cada palabra para captar totalmente la información pero luego da un paso más adelante tomando en cuenta el ambiente, el lenguaje emocional, las conversaciones previas y sobre todo lo que Dios está revelando a cada paso del camino.

Cuando se está en presencia del nivel III de escuchar, el asesor está escuchando desde varias perspectivas. Él escucha estrechamente los gestos, las expresiones faciales y lo que no se dice para entender lo que el líder está pensando en realidad. Un asesor que escucha en nivel III sabe que el 60 % de toda la comunicación tiene que ver con el lenguaje corporal.

ESTRATEGIA

Concentración en lo que se escucha

➤ Evite hablar por encima del líder.
➤ Evite las historias de su propia experiencia.
➤ Evite contestar sus propias preguntas.
➤ Guarde su experiencia hasta que haya obtenido todos los pensamientos del líder.
➤ Si el líder no entiende, es posible que tenga que cambiar a la modalidad de la enseñanza, pero recuerde pedir permiso antes de compartir sus ideas.

La clave para el nivel III de escuchar es la flexibilidad: entendiendo la información, digiriéndola y siguiendo el flujo de la situación. Usted se podría sentir guiado a cambiar de senda, seguir adelante por el mismo camino o de volver a un tema anterior. Posiblemente sienta que el Espíritu de Dios le está mostrando que reúna cierta información y continúe en cierta dirección particular. Siga adelante. El Señor Jesús le está guiando y seguirá conduciéndole por el camino.

Durante el nivel III de escuchar, es posible que sienta que algo está mal: un tono de voz, una pequeña perturbación en alguna parte, un sentimiento de que la creatividad normal está bloqueada. Considere irrumpir en la conversación, sondeando más en alguna área, sobre todo si usted siente que Dios podría estar haciendo algo.

Recuerdo que en una cierta oportunidad estaba hablando con David, uno de mis líderes celulares, mediante llamada telefónica rutinaria de asesoramiento. Él hablaba de los «asuntos de siempre», compartiendo de su progreso por aquí y su frustración por allí. Pero mientras hablábamos, me di cuenta de que algo estaba mal. David podría ser introspectivo, pero en ese momento yo podía sentir su depresión. «¿Estás bien, David?», le pregunté. Mi pregunta fue la puerta para que David me abriera su corazón. Él luchaba con las relaciones familiares y la voluntad de Dios para su vida. Pasamos el resto del tiempo en el teléfono hablando de dichas necesidades.

Los asesores cristianos tienen una perspectiva emocionante que los que no son cristianos no tienen. Ellos tienen un dulce consolador y un sabio consejero que está presente en todo momento: el Espíritu Santo. Un asesor que no es cristiano tiene que depender de su intuición humana que es por lejos muy inferior a la visión que el Espíritu quiere dar.

«La atención extasiada y exclusiva es uno de los mayores regalos que podemos dar a otro individuo. Es la forma más elevada de un cumplido.»[4]

PREPARANDO LAS PREGUNTAS

Para escuchar realmente, usted tiene que hacer que su líder celular hable. Esto significa que tendrá que preparar algunas preguntas bien pensadas para ayudar a facilitar que él comparta lo que está pensando y sintiendo. Tener a mano esas preguntas en cuanto empieza su reunión, le ayudará a mantener la conversación siguiendo un determinado curso sin que se vaya por las ramas.

Usted sabrá qué preguntas hacer a medida que vaya conociendo a sus líderes, sus necesidades y sus metas. Por lo general las preguntas tendrán que ver con la vida personal y espiritual de cada líder, el ministerio del grupo celular y las futuras metas.

Y a la vez, le hará algunas preguntas orientadas hacia la búsqueda de mayor información de parte suya. Pero tenga cuidado de hacer algo más que la simple adquisición de información. A nadie le gusta un interrogatorio. Las grandes preguntas de asesoramiento van más allá de la información y alcanzan el corazón, creando inquietudes en los líderes para que reflexionen y vuelvan a enfocarse correctamente. Use preguntas como éstas:

- ¿Adónde irá desde aquí? (¿Cómo piensa seguir?)
- ¿Qué resultados desea obtener?
- ¿Qué es lo que usted desea?

Las grandes preguntas permiten a los líderes revelar algunas cosas que ellos pueden haber pasado por alto. Una buena pregunta podría detener al líder en su línea de pensamiento, así que espere un momento en silencio y dé el tiempo necesario al líder para que pueda responder.

Tome nota de las preguntas que le gustaría comentar con cada líder por adelantado. Diríjase a sus puntos de necesidad, sus peticiones de oración pasadas y las futuras metas. Al mismo tiempo, prepárese para seguir la corriente si se da cuenta de una necesidad o de un problema inmediato. No se encierre en sus propias preguntas a expensas de las necesidades inmediatas de un líder. Las necesidades del líder, no las suyas, deben ser la guía para su tiempo de asesoramiento. La dirección de la conversación dará lugar a nuevas preguntas que usted debe explorar totalmente.

ESTRATEGIA

Las razones para hacer preguntas[5]

➤ Para reunir importante información
- ¿Cómo está su ministerio?
- ¿Cómo está marchando personalmente?
- ¿Dónde está luchando?
- ¿Cuántos asistieron a la última reunión?
- ¿Qué ayuda necesita?

➤ Para incrementar la conciencia
- ¿Cómo está haciendo para levantar nuevos líderes?
- ¿Cómo está alcanzando a las personas actualmente?

➤ Para promover la acción
- ¿Qué hará usted con respecto a esto?
- ¿Cuál será su próximo paso?
- ¿Cuáles son sus prioridades para la semana que viene?

ANOTE LO QUE HAYA APRENDIDO

Después de la reunión, asegúrese inmediatamente de anotar las cosas que haya aprendido. Utilice esa información como el forraje para sus oraciones y también le servirá cuando se prepare para la siguiente reunión.[6] Como preparativos para la próxima reunión, usted querrá:

* Mirar las notas de la última reunión
* Pensar y orar con respecto a las áreas que usted quiere sondear
* Preparar las preguntas mismas

PONGA AL LÍDER EN EL ASIENTO DEL CONDUCTOR

Cuando un líder celular viene a un asesor con una preocupación o un problema, la mayoría de los asesores están tentados a dar sus consejos de acuerdo a su propia experiencia. Decirle al líder lo que debe hacer parece la manera más rápida de remediar la situación. Pero cuando un asesor comparte demasiado, él o ella socava la historia del líder. La mayoría de los líderes responden con un frío silencio cuando sus asesores pasan demasiado tiempo reiterando sus historias. Un buen asesor debe restringirse y ayudar al líder a descubrir la respuesta por medio de las preguntas cuidadosamente diseñadas.

Cuando un líder encuentra él mismo la respuesta, lo más probable es que practique su nueva visión. Pero cuando un asesor proporciona su propia respuesta como especialista, el líder asentirá con su cabeza y regresará después diciendo: «Por favor, ¿puede decirme de nuevo lo que debo hacer?».

Aprender es como manejar un automóvil a un nuevo destino. Cuando el conductor encuentra la nueva localidad, es muy probable que él recuerde las direcciones en el futuro. Pero los pasajeros en el asiento de atrás casi siempre se olvidan de las direcciones. Ellos se sienten como que debieran recordar, pero por no haber tenido que realizar esfuerzo alguno en todo el proceso de la búsqueda, ellos después se olvidan.

41

No hable demasiado rápido

Al que responde sin haber escuchado, la palabra le es fatuidad y vergüenza. –Proverbios 18:13

Como asesor, su trabajo es de hacer que los líderes se sienten en el asiento del conductor. Hágales preguntas claves y ellos mismos descubrirán las respuestas. Pregúntese siempre si lo que comparte contribuye a la vida de sus líderes. Hay ciertos momentos cuando su historia haría maravillas para ayudar a guiar a un líder o a sanar una situación difícil, pero pregúntese lo siguiente: «¿Será importante para el aprendizaje del líder que yo le cuente mi historia?».

Mantenga el enfoque en los líderes, los jugadores. Se trata simplemente de ellos –no acerca de usted mismo. Usted podría introducir una historia aquí y allí, pero en su mayor parte, sálgase del camino. Deje que sus líderes brillen.

CONFIDENCIALIDAD

Ya que el líder está compartiendo una parte de su alma al asesor, éste debe cuidar y proteger esta confianza. Puesto que un asesor tiene típicamente más de un líder bajo su cuidado, debe cuidar la privacidad de cada uno de ellos. El miedo de que un asesor revele determinadas áreas confidenciales al resto del mundo es un impedimento para que muchos líderes se abran totalmente. *El líder como Asesor* dice lo siguiente:

> La tentación de atraer a las personas para que confíen en usted compartiendo información de la persona enterada o criticando a otros puede ser muy convincente. La ganancia a corto plazo es a menudo un sentimiento de confianza especial con su confidente. Pero cuando usted comparte sus confidencias o críticas con las personas, usted finalmente desgasta su buena voluntad de compartir su vulnerabilidad, debilidades y preocupaciones con usted.[7]

El ambiente del asesoramiento es el lugar donde el líder puede compartir la verdad. Esto significa que debe ser un ambiente seguro. Un asesor debe ser una persona de integridad y confianza.

La Lista de control del Asesor[8]

➤ ¿He orado por este líder?

➤ ¿He repasado mis notas de nuestra última reunión?

➤ ¿He desarrollado preguntas eficaces para el asesoramiento?

➤ ¿Estoy preparado para escuchar?

➤ ¿De qué necesidades personales soy consciente?

➤ ¿De qué asuntos del ministerio soy consciente?

➤ ¿Qué necesidades o asuntos estoy evitando?

➤ ¿Cuáles habilidades del ministerio necesitan ser desarrolladas?

➤ ¿Qué recursos serían útiles?

➤ ¿Cómo puedo animar a este líder?

➤ ¿Cómo le daré la visión para el ministerio?

➤ ¿Cómo puedo fortalecer nuestra relación de asesoramiento?

Capítulo 3

ANIME

Mi esposa y yo adiestramos a un matrimonio que realmente estaba luchando. Su grupo celular empezó muy bien con diez personas que venían de forma regular, pero gradualmente la asistencia cayó hasta que ellos eran las únicas personas presentes en la noche de la reunión. Esta pareja hacía todo lo correcto que funciona para construir un grupo exitoso –oraban, invitaban a las personas, se mantenían en contacto con las personas que asistían regularmente, pero no lograban invertir esa tendencia.

Después de aproximadamente tres semanas sin que nadie se hiciera presente, Patty me llamó diciendo:

–«Joel, mi marido y yo estamos listos tirar la toalla. Esto simplemente no está funcionando. Será que no somos los líderes correctos». Yo le contesté:

«¡Ustedes son líderes excelentes! Dios está en esto. Él los ha llamado. Creo realmente en ustedes y en su ministerio. El enemigo quiere desanimarlos, pero Jesús quiere que ustedes perseveren y sigan orando hasta que tengan la victoria».

Varias semanas después, la asistencia creció de nuevo, la comunión empezó a consolidarse y a las personas les encantaba pertenecer a su grupo celular. Con el paso del tiempo, se han salvado muchas personas a través de su célula, han surgido nuevos líderes y el grupo celular ha multiplicado varias veces.

Patty ha declarado repetidamente que la conversación que tuvimos por teléfono esa noche fue un punto clave en su ministerio celular. El diablo quiso que Patty y su marido se rindieran en ese punto antes de tiempo, haciéndoles infructuosos e ineficaces para el reino de Dios e impidiéndoles de cosechar los éxitos del ministerio que ellos han experimentado.

El liderazgo celular puede ser una jornada cansadora. No es para los tímidos. El hecho es que a menudo los miembros no se presentan, la evangelización falla, los bebés se enferman, los eventos llenan el calendario y los jefes requieren horas extras. El liderazgo celular involucra hacer llamadas telefónicas, desarrollar nuevos líderes, evangelizar y administrar. Ante tantas tareas y problemas, ¿cómo se supone que debe hacer para mantener al líder celular con vida, bien y dispuesto a seguir a Dios?

La respuesta es el estímulo. El asesor que estimula puede marcar la diferencia entre el éxito y el fracaso, entre la continuación del líder –y la eventual multiplicación de la célula– o que abandone. Este ministerio del estímulo cobra aún más importancia porque tiene el potencial de tener un duradero y amplio impacto sobre muchas personas, no solamente en un cierto líder de un grupo celular.

«Encuentre lo que usted entiende que es el mayor recurso del líder potencial y después dele cien por ciento de estímulo en esa área.» –Juan Maxwell[1]

LA ALABANZA ES COMO EL OXÍGENO AL ALMA

El asesor de básquetbol de UCLA, Juan Wooden, dijo a sus jugadores que anotaban puntos que sonrieran, guiñaran o que asintieran con la cabeza al jugador que les había pasado la pelota. «¿Y qué pasa si él no está mirando?», le preguntó un miembro del equipo. Wooden le contestó: «Yo les garantizo que él va a mirar». Todos valoran el estímulo y lo buscan.

Aunque cada asesor quiere ganar el juego, un asesor bueno sabe que los jugadores renovados y llenos de energía hacen mucho mejor su trabajo.

El escritor a los Hebreos dice: «No dejando de congregarnos, como algunos tienen por costumbre, sino exhortándonos; y tanto más, cuanto veis que aquel día se acerca» (Hebreos 10:25). El desaliento llega naturalmente a todos. La introspección persigue a las personas; se comparan con otros y se sienten como que ellos no están a la altura de lo que se necesita. Una palabra de estímulo puede hacer a menudo una gran diferencia.

ESTRATEGIA

Cómo animar a los líderes celulares[2]

➤ Haga resaltar sus logros:
  • Felicítelos delante del grupo
  • Vea cuando las personas hacen algo correcto y dígaselos

➤ Expréseles su confianza:
  • Verbalmente: «¡Usted puede hacerlo!»
  • Realizado en forma práctica por la manera cómo les permite dirigir y trabajar.

➤ Muestre cómo cuida a los líderes personalmente:
  • Sepa lo que está ocurriendo en sus vidas
  • Acompáñelos cuando atraviesen un tiempo difícil

La esposa de uno de los líderes que estoy adiestrando me dijo en privado que su marido se pone introspectivo fácilmente y se desanima cuando no recibe alguna felicitación. «El estímulo es su idioma de amor», me dijo ella. «Ahora mismo él está recibiendo muy poco estímulo». «Pero está marchando tan bien en el ministerio celular...», pensé para mí. Comprendí de nuevo que hasta los líderes más exitosos necesitan mucho estímulo.

La mayoría de los gerentes en el mundo comercial piensa que la falta de estímulo motivará a las personas para que trabajen más arduamente. Un ejecutivo de mercadeo en una compañía grande de comestibles notó el trabajo importante de uno de sus directores regionales. Cuando le preguntó si él le había dicho al director que estaba contento con el progreso de ella, el ejecutivo respondió así: «No, ella recién está dando la vuelta por su primera base (ejemplo tomado del béisbol) a estas alturas. No quiero que piense que casi está llegando a la base». El director ansiaba recibir apoyo e incluso una insinuación de que sus esfuerzos estaban realmente sirviendo para algo. Pero el ejecutivo creía que una felicitación le haría aflojar en su esfuerzo. En realidad, una buena porción de elogios le habría permitido saber que ella estaba yendo en la dirección correcta y la hubiera animado a seguir marchando hacia adelante.[3]

Un asesor de un grupo celular debe ser el principal porrista para los líderes de sus grupos celulares. Los líderes celulares que son apoyados y animados servirán por encima y más allá de su deber. Los que se preguntan si son apreciados o aún tomados en cuenta finalmente se quedarán sin aliento.

Siempre hay algo por lo cual animar a las personas. Celebre sus progresos, incluso cuando parece muy poco. A medida que mejoran los líderes celulares, reconozca su progreso. El éxito tiene que ser premiado.

Asesoramiento inspirador

El jugador de «back» estaba jugando muy mal. Lo empeoró incluso más cuando tiró una pelota que resultó interceptada por uno del equipo contrario. En la media parte, el asesor se acercó a él y el jugador pensó: «Ya está. Me está sacando del juego». En lugar de eso, el asesor le dijo: «No te preocupes, hijo, todavía vas a ser el héroe de este juego». Con renovadas energías, el jugador de «back» jugó un segundo tiempo brillante e hizo el tanto ganador. Durante la entrevista después del juego, el jugador compartió esta historia, dando todo el crédito al estímulo del asesor.[4]

EMPIECE LAS REUNIONES ANIMANDO

Yo recomiendo que los asesores comiencen las sesiones con otra persona, o en las reuniones con un grupo, con palabras de estímulo. Hay muchas más probabilidades de que los líderes compartan honestamente si saben que están siguiendo el camino correcto. Empiece con algo positivo que usted haya oído acerca del líder. Comparta cómo ve el cambio en las personas.

Los líderes tienen la tendencia a dudar de sí mismos, a sentir que simplemente no están a la altura de los acontecimientos. Muchos líderes magnifican algunas de sus debilidades más allá de la realidad, tanto que se sienten condenados y deprimidos. Martín Lutero, uno de los más grandes líderes de todos los tiempos, estaba sujeto a estos períodos de oscuridad y desesperación por lo cual se encerraba solo durante días. En ese período su familia quitaba todos los implementos peligrosos de la casa.[5]

C. H. Spurgeon, uno de los más grandes predicadores en el mundo, dijo a su congregación de cinco mil miembros en 1866: «Yo estoy sujeto a una depresión del espíritu tan espantosa que espero que ninguno de ustedes tenga que sufrir alguna vez tales extremos de miseria como las que yo tengo».[6] Si los grandes héroes de la fe se han sentido de esta manera, ¿cuánto más lo sufrirán los líderes de los grupos celulares?

El enemigo de nuestras almas busca la forma de acusar a los líderes y vaciar su energía con las mentiras que desalientan. Dicho enemigo susurra cosas como éstas: «Nadie respeta tu liderazgo», y «Tú no puedes dirigir la lección de mañana. No conoces lo suficiente de la Biblia».

Satanás sabe perfectamente que si él puede desanimar al líder, él puede desanimar a todo el grupo celular.

La Biblia ordena que demos estímulo

La Versión de la Biblia (en inglés) New American Standard traduce 1 Tesalonicenses 5:12 de la siguiente manera: «… que reconozcáis (apreciéis) a los que trabajan (diligentemente) entre vosotros…». La palabra griega significa literalmente «percibir» o «reconocer» a los que trabajan. Reconocer significa estar consciente del trabajo de sus líderes celulares, dando crédito dónde tiene que darse crédito. El propósito del reconocimiento es honrar y afirmar los ministerios de los líderes. Es parecido a un «pago» por un servicio bien realizado.

«El estímulo es la parte más importante del asesoramiento porque el liderazgo celular es un trabajo ingrato –sobre todo si hay algunas personas de muchas necesidades en el grupo. Creo que la primera razón por qué los líderes celulares abandonan surge de la falta de estímulos. La mayoría de los nuevos líderes celulares empiezan con un nivel bastante alto de motivación. Durante un período de tiempo, el nivel baja y si se le deja sin el cuidado que necesita, el líder pronto se "desanima" y después se "desilusiona", entra luego en la "desesperación o abatimiento" y finalmente llega la "resignación."» –Un asesor de un Grupo Celular australiano[7]

El desaliento también viene del mundo en el que viven los líderes todos los días. En su mayor parte, los norteamericanos están bajo un constante sentimiento de culpa por sentir que no han hecho lo suficiente. Edward Stewart, un experto en antropología, refiriéndose al norteamericano común, dijo: «Inquieto y con incertidumbre, tiene la necesidad recurrente de demostrar su capacidad y por ello alcanzar una identidad y éxito por medio de sus logros».[8] El escritor francés e investigador, Alexis de Tocqueville, dijo algo similar:

En América he visto los hombres más libres y mejor educados en las circunstancias más felices que se puedan encontrar en el mundo; sin embargo me parecía que una nube colgaba habitualmente en sus frentes y parecían serios y casi tristes incluso en sus placeres porque nunca dejan de pensar en las cosas buenas que no han conseguido… así que los esfuerzos y diversiones de los norteamericanos son más animados que en las sociedades tradicionales, pero las desilusiones de sus esperanzas y deseos son más intensos y sus mentes están más ansiosas y en tensión.[9]

ESCUCHE PARA PROPORCIONAR ESTÍMULO

Escuchando es la forma de abrir la puerta para el estímulo. Afine sus oídos para escuchar la mínima razón para elogiar al líder. Si hay una pizca de excelencia incluso, descúbrala y reconózcala.

Escriba una carta alentadora

Una cosa que usted puede hacer para animar a su líder es hacerle llegar una nota de estímulo. Kent Hughes escribe al respecto: «Hace algunos años yo leí que Phillips Brooks guardaba un archivo de notas alentadoras y cartas para los días de lluvia y en esos días los sacaba y los volvía a leer. Así que empecé mi propio archivo. Yo guardo todas las cartas alentadoras que recibo y hay ocasiones cuando las vuelvo a leer. Pero, incluso más, empecé a escribir misivas alentadoras a otros, especialmente a mis colegas en el ministerio».[10]

Cuando uno de sus líderes empieza a hablar sobre la falta de fruto, el desaliento y sus dificultades, usted necesita escuchar primero. Simpatice con el líder. Recuérdele lo que Dios ya ha hecho. Tal vez pueda usted hacerle recordar su crecimiento personal a través del liderazgo del grupo celular.

Encuentre las cosas pequeñas y resáltelas. Usted podría señalar la honestidad, transparencia o arduo trabajo de un líder. Señale cualquier cosa que usted vea que es positiva y que honra a Dios. Convierta las cosas pequeñas en grandes victorias.

ANIME A SU LÍDER A PERSISTIR

Cuando doy los seminarios celulares alrededor del mundo, una sesión particular ha surgido como un claro favorito –la sesión sobre el esmero. Yo resalto las numerosas ocasiones cuando se utiliza la palabra griega *spoude* (diligencia, esmero) en la Biblia (por ejemplo, 2 Timoteo 2:15, 2 Pedro 3:12-14, Hebreos 4: 10,11). Yo hago que todos en el seminario repitan la palabra *spoude* una y otra vez y nos divertimos mucho. Después de un seminario en Hong Kong, los participantes incluso llegaron a hacer camisetas con *spoude* en la parte delantera para que cada uno recuerde proseguir hacia adelante.

¿Por qué motivo esta sesión sobre *spoude* es tan bien recibida? Porque anima a los líderes celulares para no enfocar en las áreas que están fuera de su control (como pueden ser el talento, los dones, la educación o la personalidad), sino enfocar en cambio en el trabajo arduo, que cualquiera puede hacer. En Proverbios 14:23 leemos lo siguiente: «Toda labor da su fruto; mas las vanas palabras empobrecen». Se les recuerda a los participantes del seminario que la persistencia y diligencia *finalmente* traerán resultados. *¡Spoude!*

Con las estrategias el tiro sale por la culata y los equipos pierden. Punto. No todos los juegos son un éxito rotundo.

Los mejores líderes celulares siguen invitando, continúan manteniendo contacto, siguen sembrando y finalmente recogen la cosecha. Cuando los asesores animan a sus líderes a practicar *spoude* y a seguir practicándolo, todas las puertas se abrirán.

Descubriendo lingotes de oro

«En ocasiones la única manera para ver nuestros talentos objetivamente es a través de los ojos de los demás.»[11]

Un líder fuerte sabe cómo levantarse y seguir adelante –pese a los obstáculos. Y un buen asesor recuerda a sus líderes que es una maratón. Por ejemplo:

* Abraham Lincoln falló dos veces como comerciante y fue derrotado en seis estados y en las elecciones nacionales antes de ser elegido como presidente de los Estados Unidos.
* Babe Ruth bateó afuera 1.330 veces. Entre esas veces hizo 714 carreras completas (béisbol).
* El primer libro de Theodor S. Geisel (Dr. Seuss) para niños fue rechazado por 23 editores. El vigésimo cuarto editor vendió seis millones de ejemplares.[12]
* Jorge Mueller oró a lo largo de su vida por cinco amigos para que conocieran a Jesucristo. El primero vino a Cristo después de cinco años. En los diez años siguientes, dos más de ellos recibieron a Cristo. Mueller oró de manera constante durante más de veinticinco años y el cuarto hombre finalmente se convirtió. Por su quinto amigo, él estuvo orando hasta el día

de su muerte y este amigo, también, vino a Cristo unos meses después de la muerte de Mueller. Por este último amigo, Mueller había orado casi cincuenta y dos años.

Los mejores líderes celulares no se rinden –incluso cuando las situaciones son contrarias y el éxito parece poco probable. Ellos encuentran una manera de lograrlo, aun cuando tienen que construir sus propios caminos. Su estímulo, asesor, puede mantenerlo perseverando hacia adelante.

ESTRATEGIA

Qué necesitan los líderes

«Todas las personas, sean líderes o sean seguidores, tienen algunas cosas en común:

➤ Les gusta sentirse especiales, así que felicítelas.
➤ Quieren una mañana mejor, así que muéstreles esperanza.
➤ Desean ser guiados, así que, navegue por ellos.
➤ Son egoístas, así que, hable primero para satisfacer sus necesidades.
➤ Se deprimen emocionalmente, así que anímelos.
➤ Quieren el éxito, así que ayúdelos a ganar.» –Juan Maxwell[13]

EL ASESOR BERNABÉ

Había una razón por cual los apóstoles le dieron el nombre de Bernabé (que quiere decir Hijo de Estímulo o Consolación) a José, un levita de Chipre (Hechos 4:36). Bernabé se mantuvo a la altura de las expectativas de los apóstoles patrocinando a Saúl y llevándolo a los discípulos en Jerusalén, cuando le tenían un miedo pavoroso (Hechos 9:26-27). Después los apóstoles enviaron a Bernabé a una iglesia nueva y dinámica en Antioquía. En las Escrituras podemos leer: «Éste, cuando llegó y vio la gracia de Dios, se regocijó y exhortó a todos a que con propósito de corazón permanecieran fieles al Señor» (Hechos 11:23). Su celo por darles ánimo acabó llevándole a pedir al apóstol Pablo que se uniera a él en la tarea de animar a la iglesia en Antioquía.

«En mi amplia asociación en la vida, encontrándome con muchas y grandes personalidades en varias partes del mundo», declaró Schwab, «todavía tengo que encontrar a la persona, no importa cuán grande sea o cuán exaltada su posición, que no hizo un mejor trabajo y puso más empeño bajo un espíritu de aprobación que lo que hubiera hecho alguna vez bajo un espíritu de crítica».[14]

Siga al Asesor Bernabé y vuélvase un hijo de estímulo y consolación. No tenga temor de dar demasiado estímulo pensando que podría hacer que sus líderes se vuelvan demasiado vanidosos. Anime, anime, anime, y los líderes bajo su cuidado florecerán.

Capítulo 4

CUIDE

Susana Beauregard está hoy adiestrando a cuatro líderes celulares en Los Ángeles. Una de sus líderes, Vicky, ha luchado con la adicción en el pasado hasta la medicación, aunque se ha mantenido limpia por mucho tiempo. Susana dice: «Fuimos a un retiro de mujeres, y Vicky estaba asustada. Yo me di cuenta de que tomaba medicamentos. Poco después de darme cuenta en ese segundo día, le dije que, según mi experiencia, las personas tienden a volver a los anteriores mecanismos de soluciones cuando están asustados y que no importaba a cuáles mecanismos anteriores ella se volvía, eso no lograría apartar mi amor por ella». Vicky empezó a llorar diciendo: «No importa cuántas veces que yo he fallado, usted nunca me ha rechazado. Susana, yo experimento el amor de Dios a través de usted». Susana contestó: «Aunque yo te amo y te valoro, quiero que sepas que el amor y el aprecio de Dios por ti es mucho mayor». En ese fin de semana, Vicky dio testimonio a las 300 mujeres del retiro manifestando que, de no haber sido por Susana, probablemente ella se habría matado el año anterior.

«Hay dos razones principales por las cuales las personas en mi organización se sienten muy animadas. Primero, yo he pasado tiempo para llegar a conocerlas y desarrollar una relación con ellas… en verdad yo las conozco. En segundo lugar, yo las amo y les expreso ese amor periódicamente. No estoy hablando simplemente de alabarlos por el trabajo que hacen. Yo les hago saber que me preocupo por ellas y que las amo primero como personas.» –Juan Maxwell[1]

SERES HUMANOS–NO OBRAS HUMANAS

Scott Kellar construye relaciones fuertes con sus líderes; esto es por qué él ha multiplicado tantas veces sus células. Los que están bajo Scott lo aman y lo respetan. Cuando le pregunté por el secreto de su éxito, me dijo: «El ingrediente más importante es que usted ama a las personas, y «yo amo a las personas.»

A la mayoría de las personas les gusta realizar tareas. Son buenos en eso. Muchos asesores, en realidad, ven el asesoramiento como una forma de lograr más. Un asesor debe recordar, sin embargo, que los líderes son seres humanos, no obras humanas. Un experto asesor del mundo comercial lo explica así:

> «Los asesores recuerdan que cada líder es una persona; ellos proporcionan el cuidado de los líderes mostrándoles amor por quiénes son, no simplemente por lo que hacen.» —Bill Donahue[2]

Porque el asesoramiento es eficaz para lograr resultados, tanto los clientes como los asesores pueden ser atraídos y caer en la trampa de los «resultados» —se concentran completamente en el destino por delante y pierden de vista el flujo de todo el camino. En realidad, el progreso es a menudo comparado con un río. Mientras fluye la vida habrá períodos rápidos de un progreso de avalancha y de aguas limpias. Pero habrá también tiempos cuando no se va a ninguna parte, estando atrancados en los problemas del trabajo, en los remolinos de las relaciones y cayendo en pozos traicioneros.[3]

Concentrarse solamente en los resultados convertirá a los líderes de los grupos celulares en las ruedas dentadas de una máquina. Empezarán a sentirse como que están siendo usados por la iglesia para «producir convertidos» o para «hacer que la iglesia aumente para ser una iglesia grande». El ministerio no es una línea de la asamblea. El ministerio pasa a través de las personas que viven sus vidas. La vida de un líder celular es un viaje, un proceso. Un asesor es una persona que camina con los líderes a través de ese proceso durante un período de tiempo —no solo por unos días.

En cierta oportunidad, tuve que sugerir enfáticamente a uno de mis líderes que se tomara un día para estar con su familia. Su familia estaba ocupando el tercer lugar después de su trabajo y los deportes, porque supuestamente este líder «no tenía el tiempo» para pasar con su familia. La parte *humana de hacer* de él estaba desplazando la parte *humana de ser* de él. Él podría haber logrado más por algún tiempo por no pasar tiempo con su familia, pero al final su familia sufriría y su ministerio también, poco tiempo después. Su tarea es la de ayudar a los líderes en la jornada de sus vidas. Es posible que descubra, por ejemplo, que su líder está fuera de control en sus gastos financieros, en la bebida o con la pornografía. O es posible que haya problemas de orgullo, rebeldía, adicción al trabajo, ignorando a sus hijos o a su esposa, faltando a la iglesia o no diezmando. Preocúpese lo suficiente como para enfrentar esos problemas. Encuentre la ayuda que su líder necesita. ¿Es un curso de asesoramiento? ¿Un retiro para romper ataduras? ¿Asesoramiento profesional? Los líderes que usted está adiestrando necesitan integridad, y ésta debe ser su mayor prioridad.

El capítulo 2 trataba del papel de las preguntas en el asesoramiento. Recuerde que debe incluir preguntas que tienen que ver con la familia, espiritualidad y emociones. Sus líderes sentirán su cuidado y preocupación cuando usted plantea los problemas que tienen que ver con sus vidas diarias.

ESTRATEGIA

Mostrando cuidado y preocupación

➤ Preguntas familiares:
- ¿Cómo está afectando a su familia su liderazgo celular?
- ¿Cuándo fue la última vez que se tomó un día para estar juntos?

➤ Preguntas sobre la espiritualidad:
- ¿Cómo está la relación entre usted y Dios?
- ¿En qué áreas está usted luchando en su vida cristiana?

➤ Preguntas sobre los sentimientos:
- ¿Cómo se siente usted sobre el ministerio celular?
- ¿Qué emociones está usted experimentando?

Las personas anhelan atención y cuidado. Pero los líderes celulares tienen problemas a menudo para decir abiertamente: «Necesito que me escuche. Por favor, entréneme». En realidad, la mayor parte del tiempo ellos no pueden pedir ayuda porque no quieren desanimar a su asesor. Depende del asesor que tiene que leer entre líneas.

Asesor, usted está allí para edificar a sus líderes, suavizar sus temores, ayudarlos a descubrir el camino correcto para seguir. Su experiencia es importante –y estará allí para ellos en el momento preciso–, pero la clave del asesoramiento está en el cuidado que tiene por ellos. Es hacer las cosas pequeñas. Es estar allí durante un tiempo de crisis.

SEA TRANSPARENTE

Usted fallará como asesor. A veces se llegará a sentir miserable, desanimado, incapaz de ayudar a los demás –a pesar de sus mejores intenciones de estar siempre alerta y útil. Y habrá tiempos en que se encontrará desconectado del líder. Admítalo. Dígale a su líder que usted lo siente por no escuchar, por «estar distante». Al hacerlo, usted empieza a modelar la vida que usted quiere que su líder viva y muestre a los miembros de su grupo celular.

Un asesor me dijo que la transparencia es el ingrediente clave para cuidar a sus líderes. Él solicita a sus líderes que se abran a él, pero también comparte libremente con sus líderes. Ellos se rinden cuentas mutuamente y han desarrollado una relación de confianza mutua.

Para crear esta confianza, usted debe ser auténtico. Las personas pueden descubrir a una persona que es superficialmente positiva con respecto a todo. Es mejor decir: «Yo no sé», en lugar de actuar como si supiera. *El líder como Asesor* dice lo siguiente: «Las personas pueden perdonar sus errores, pero lo culparán por pretender que no sucede nada malo… aclare la situación y aprendan juntos de sus errores. Reúna suficiente honestidad como para admitirse a usted mismo que estaba equivocado y el valor para decir: "Lo siento"».[4]

Cuente su historia primero

«Cuente *su* historia primero. Con mucha frecuencia cometemos el error de hacerle una pregunta a la otra persona y la ponemos entre la espada y la pared. Por revelar algo personal de usted mismo, usted toma el primer paso para crear confianza.» Shirley Peddy[5]

Habrá algunas veces en que sentirá la necesidad de abrirse personalmente que lo que ha hecho antes, revelando cosas de su propia vida y de su familia. Esto construirá mayor confianza entre usted y sus líderes.

HÁGASE AMIGO DEL LÍDER

«Mi asesor realmente no me quiere», me confesó un líder dolorido. «Él me administra y me dice lo que tengo que hacer, pero lo que yo realmente necesito es un amigo.»

La amistad. Muchas personas pasan por alto este simple, aunque poderoso, principio. Pero yo creo que es la clave para asesorar a los líderes de los grupos pequeños con éxito.

Jesús, nuestro máximo asesor, reveló este principio sencillo en Juan 15:15 cuando dijo a Sus discípulos: «Ya no os llamaré siervos, porque el siervo no sabe lo que hace su señor; pero os he llamado amigos, porque todas las cosas que oí de mi Padre os las he dado a conocer».

Jesús entró en amistad con doce seres humanos pecadores a quienes él discípulo por espacio de tres años. Comió con ellos, durmió con ellos y dio respuesta a todas sus preguntas. El escritor del evangelio de Marcos describe la vocación de los doce de esta manera: «Designó entonces a doce para que estuvieran con él…» (Marcos 3:14). Jesús daba prioridad a estar con ellos por encima de una cantidad de reglas o técnicas.

Significado de amistad

La palabra «amigo» (en inglés, friend) viene de *fr_ond*, en el inglés antiguo, un verbo germánico prehistórico que quería decir «amar», que también era el precursor del inglés de: libre, reyerta, y viernes (free, affray, Friday).[6]

Yo aprendí esta lección por el camino difícil. Yo adiestré a siete líderes de otros tantos grupos pequeños durante un período de tres años. Ellos a menudo venían a mi casa para el asesoramiento en las habilidades, asesoramiento de sus metas y cuidado. Cuando nos reuníamos, yo conectaba mi computadora a la televisión, usaba unas vistas de PowerPoint muy vistosas e intentaba impresionarlos con mi enseñanza.

Cuando les hice preguntas después, descubrí que la mayoría de ellos no estaban impresionados por mis elegantes presentaciones y el artilugio de la alta tecnología. Se fueron de las reuniones sintiéndose insatisfechos, queriendo algo más.

Dios empezó a mostrarme una manera mejor después de hablar con otros asesores más eficaces. Empecé a entender la sabiduría del refrán «Las personas no se preocupan por cuánto usted sabe hasta que sepan cuánto usted se preocupa por ellos». El conocimiento, la habilidad para entrenar y resolver los problemas, las dinámicas de grupo y otras técnicas pueden jugar un papel importante en el éxito de un asesor. Pero lo que necesita realmente el líder nuevo de un grupo celular es a alguien que le ayude a llevar las cargas, que comparta la jornada y que sirva como una tabla sonora.

ESTRATEGIA

Use el teléfono

Un asesor puede conseguir mucho con una llamada telefónica. Ahora bien, antes de llamar a sus líderes, trate de preparar algunas preguntas o puntos que usted quiere comentar. Esté preparado para escuchar, lo cual requiere que usted aclare sus propios pensamientos confusos por medio de la oración diligente. Comience la conversación haciendo preguntas claves y después escuche sus respuestas. Sus líderes empezarán a crecer mientras usted pase tiempo con ellos.

¿Significa esto que la reunión misma de los asesores es insignificante? ¿Significa que usted no debería rotar fielmente entre los grupos o proporcionar el necesario asesoramiento de las habilidades? No. Lo que significa es que usted debe ganar primero a sus líderes a través de una amistad que demuestre que se preocupa por ellos. Todo lo demás fluirá de forma natural.

Resultados de la encuesta

Unos investigadores hicieron una encuesta de los empleadores, preguntándoles cuáles eran los tres rasgos principales que ellos deseaban que tuvieran sus empleados. El primero en la lista era la habilidad de relacionarse con las personas: el 84 % respondió que ellos buscaban buenas habilidades interpersonales. Solo el 40 % puso la educación y la experiencia en primer lugar en la lista.[7]

La mejor enseñanza, en realidad, es del tipo que ocurre espontáneamente. Jesús no les enseñó simplemente a sus discípulos acerca de la oración. Más bien, Él les pidió que lo acompañaran a las reuniones de oración. Él permitió que sus discípulos lo vieran orando. Cuando los discípulos le preguntaron finalmente lo que estaba haciendo, Él aprovechó la oportunidad para enseñarles acerca de la oración (Lucas 11:1-4). Lo mismo es verdad con respecto a la evangelización. Jesús evangelizó a las personas en presencia de sus discípulos y les instruyó después. Él aprovechaba las situaciones de la vida real para explicar cuidadosamente complejos asuntos doctrinales (por ejemplo, el joven rico en Mateo 19:16-24).

Cualquiera puede ser un amigo pero solamente unos pocos asesores aventajarán en la administración. Cualquiera puede ser un amigo aunque solo unos pocos asesores poseen el don de la oratoria, el nivel de graduados en sus estudios o el llamado a dedicarse al ministerio de tiempo completo.

Usted probablemente no es tan denso como era yo. Posiblemente usted sabía que la amistad era la clave. Si no, le animo para que empiece ahora a edificar relaciones sinceras y afectuosas con los líderes que está adiestrando. Como yo, descubrirá cómo una verdad sencilla puede tener un impacto tan poderoso en la vida de las personas.

Sugerencias prácticas para edificar la amistad

➤ Invite a los líderes de los grupos celulares a su casa para cenar. Permítales que vean a su familia, su perro, su vida.

➤ Envíe tarjetas de cumpleaños, para desearles mejoría cuando están enfermos o simplemente alguna tarjeta o carta de buen humor a los líderes de los grupos celulares.

➤ Conozca las historias de sus líderes
  –Pregúnteles sobre su niñez.
  –Conozca los nombres de sus hijos.
  –Recuerde los cumpleaños de sus hijos.

➤ Salga para tomar un café con ellos.

➤ Invítelos para hacer deportes con usted o hacer alguna otra actividad de la vida normal.

➤ Ore periódicamente por sus líderes de los grupos celulares (que hará más sólida su amistad espiritual).

El asesor siervo

Los asesores no necesitan ser perfectos. Ellos están allí para hacer que los líderes brillen. Esto significa que dejan la necesidad de parecer buenos y estar en lo correcto todo el tiempo. Los asesores con «egos» grandes que exigen estar en el centro del escenario no serán buenos asesores.

Ser un siervo es ser grande

«"Si alguno quiere ser el primero, será el último de todos y el servidor de todos." Y tomó a un niño, lo puso en medio de ellos y, tomándolo en sus brazos, les dijo: "El que reciba en mi nombre a un niño como éste, me recibe a mí; y el que a mí me recibe, no me recibe a mí, sino al que me envió."»
–Marcos 9:35-37

Un consultor se concentra en los consejos que lograrán un cambio positivo. Un administrador se preocupa de asegurarse de que se sigue su consejo. Un asesor se concentra en edificar a una persona completa por medio del cuidado y del servicio. El lavado de los pies de sus líderes es crucial para su éxito. Si usted quiere ser grande en el reino de Dios, aprenda a ser el siervo de todos.

Capítulo 5

DESARROLLE Y ENTRENE

Tiger Woods y el éxito del golf a menudo son considerados como sinónimos. Lo que muchas personas no saben es cuán arduamente ha trabajado Woods para llegar a ser tan bueno como es. Woods es un estudioso obsesivo del juego, repasando las cintas de los vídeos de los torneos pasados para obtener pistas sobre la manera de lograr poner la pelota en cada agujero, yendo al lugar donde puede practicar los golpes hasta que logra perfeccionar su tiro. Siempre está realizando un gran esfuerzo con el objetivo de poder mejorar continuamente. Woods ha tomado el consejo de su amigo, Michael Jordan que éste le dio en cierta oportunidad: «No importa cuán bueno ellos digan que eres, sigue trabajando siempre en tu juego».[1]

Después del Torneo Masters de 1997, por ejemplo, Woods llamó a su asesor y le dijo que quería conseguir un golpe más fuerte. Su asesor Harmon le previno a Woods que los resultados no serían inmediatos –que Woods tendría que levantar pesas para ponerse más fuerte, sobre todo en los antebrazos; que le tomaría meses para lograr ese nuevo golpe; que su actuación en el torneo llegaría a ser peor antes de mejorar. Woods aceptó el desafío y hoy día es incluso un mejor jugador de golf como resultado de su nuevo golpe.

Del mismo modo como resultó para Tiger Woods, el «empeño por el desarrollo» debe venir desde muy adentro del alma de un líder. Un asesor puede jugar un papel vital para guiar en el desarrollo del líder, pero el empeño debe venir del líder. Es el trabajo del asesor de plantar un fuego visionario para desarrollarse más en el corazón del líder. Como dijo William Butler Yeats: «Educar no es llenar un balde, sino prender un fuego».[2]

PREPARE EL AMBIENTE PARA EL CRECIMIENTO

Descubra la visión que su líder ya tiene y dele forma. Aunque usted querrá ampliar la visión, debe descubrir cuáles son primero los sueños que ya tiene su líder. Después podrá avivar esa visión, darle oxígeno a la llama y hacerla crecer.

Uno de mis líderes siente pasión por los dones espirituales. Para ayudarlo, le he proporcionado recursos e información que le permitirán descubrir y fortalecer los dones espirituales que tienen los miembros celulares dentro de los grupos que él supervisa. A otro líder le apasiona la evangelización. Para él, yo he localizado los materiales extras y el asesoramiento sobre cómo alcanzar a otros por medio de los grupos celulares. Aunque los asesores deben ayudar a los líderes a mejorar en todas las áreas —cómo dirigir una célula, cómo multiplicar una célula—, también deben proporcionar la información extra y el asesoramiento para desarrollar las pasiones particulares que cada líder posee. David Owen dice: «Un buen asesor reconoce las diferencias entre los líderes de los grupos, y ajusta su asesoramiento para cada caso. ¡Estamos trabajando con personas!».[4]

Las confesiones de un asesor

«Yo pensé que mis líderes tendrían el mismo nivel de pasión por los grupos pequeños que tenía yo... He aprendido que era mi responsabilidad como su asesor de crear hambre y sed en los líderes de los grupos pequeños.» –Eric Wishman[3]

¡Pruebe esto!

La guía de la jornada para los líderes de los Grupos Celulares

Esta herramienta de 16 páginas fue diseñada para ayudar a un asesor a descubrir los sueños, dones, fortalezas, necesidades y debilidades de los líderes celulares. Los líderes de los grupos celulares completan la Guía de la Jornada en privado y después se reúnen con su asesor en privado para hablar de sus respuestas a las preguntas. Usted puede bajar de Internet distintos materiales para ayudarle a desarrollarse y para dirigir a los líderes celulares a través de estas reuniones privadas.

FERTILICE EL CÉSPED

Las personas no pueden hacer crecer el césped. Sin embargo, ellos pueden fertilizarlo y regarlo para que crezca solo. De forma similar, un asesor prepara el ambiente para que los líderes crezcan. Un asesor debe empujar a los líderes hacia adelante, ayudándoles a lograr los sueños que ya tienen en sus corazones. *El Líder Como Asesor* dice lo siguiente:

> «El líder más grande está dispuesto a entrenar a las personas y a desarrollarlas hasta tal punto que ellos finalmente lo puedan superar en conocimientos o en sus habilidades.» –Fred A. Manske, hijo[5]

> Usted no puede motivar a las personas. Sin embargo, usted puede introducirse en sus motivaciones naturales… Enfoque su asesoramiento como un jardinero que no trata de motivar a las plantas para que crezcan, sino que busca la combinación correcta de luz solar, nutrición y agua para liberar el crecimiento natural de la planta. Un jardinero proporciona el ambiente que conduce al crecimiento, así como un asesor crea las condiciones en las que la motivación personal para el desarrollo podrá prosperar.[6]

Los asesores procurarán evitar que los líderes dependan demasiado de ellos. Yo aprendí esta lección por el camino difícil. Mucho tiempo di a mis líderes los consejos de mi experiencia. Al darles las respuestas, les animaba a pensar: «¿Qué habría hecho Joel Comiskey aquí?», en vez de «¿Qué debo hacer yo en esta situación?». En efecto, estaba creando dependencia en J. Comiskey al darles las respuestas en lugar de estimular sus propios jugos creativos y permitirles tomar sus propias decisiones.

Desarrollo natural

«La mejor pala y azada del mundo no pueden garantizar una buena cosecha. Solo hacen más probable que el crecimiento sea sin impedimentos. El misterio de la maduración está en el corazón de la semilla y el resultado de lo plantado depende en gran parte de los cambios del tiempo. Pero las herramientas son importantes para ayudar a asegurar que las semillas plantadas den fruto.» –Marjorie J.Thompson[7]

La meta del asesoramiento, en oposición a la del entrenamiento, es ayudar a los líderes para aprender a lo largo de toda su vida. A veces un asesor tendrá que contestar las preguntas y ser el experto, pero primero debe tratar de obtener la contestación del «pozo» del líder. El líder debe luchar con sus problemas y agotar su propia comprensión primero. Un gran asesor podrá entonces sacar partido de la visión que venía de la propia boca del líder y hacerle recordar constantemente al líder que era su propia visión.

QUÉDESE DENTRO PARA EL TRECHO LARGO

El crecimiento de un roble requiere toda la vida; muchas plantas, por otra parte, crecen rápidamente y se marchitan así de rápido. Yo estoy a favor del asesoramiento a largo plazo, porque el cambio de los valores toma tiempo y necesita el estímulo.

Yo adiestré a un líder durante casi uno año antes de que Dios empezara a darme una visión específica de su situación personal. Mientras comíamos en un restaurante, él compartió una experiencia de la oportunidad cuando le testificó a dos conductores de unas motos Harley Davidson. Se me prendieron las luces en mi cabeza cuando reflexioné de otras muchas historias similares que él había contado. Comprendí que él necesitaba sacar ventaja de sus dones para la evangelización; su talento para la evangelización era la clave para romper a través de las células estancadas a su cargo.

Porque yo tenía un compromiso a largo plazo con este líder, yo era capaz de discernir correctamente sus necesidades. El mejor desarrollo ocurre a través del tiempo. Quédese adentro, asesor, para el trecho largo.

Las características de un Padre

«Un asesor comparte algunos de los mismos papeles como si fuera un padre: él debe permitirles crecer, tomar sus propias decisiones, probar cosas nuevas e incluso 'fallar' en algunas áreas. [El asesor] no debe 'hacer' todo por los líderes, pero tiene que ser un recurso, guiándolos y consolándolos.» –Carl Douthit, Iglesia Cristiana de Foothills[8]

REPASANDO LAS MISMAS TAREAS

Recordando mis días juveniles de baloncesto, todavía puedo recordar al Asesor Seymour que nos ponía a hacer ejercicios: practicando las bandejas, los pases, los tapones, los rebotes, las bandejas, los pases. Hicimos las mismas cosas una vez tras otra, pero la práctica marcó la diferencia. Es necesario practicar los mismos movimientos una vez después de otra, hasta que las personas realmente los aprendan.

Los grandes asesores saben que la práctica logra el perfeccionamiento. Ellos no se achican por tener que ensayar las mismas cosas vez tras vez y otra vez más. Los grandes asesores, en realidad, son implacables cuando insisten en la práctica, una y otra vez.

ESTRATEGIA

Repasando las mismas tareas

A Werner Kniesel, el pastor de tres mil miembros en Zurich, Suiza, le llevó quince años para desarrollar los grupos celulares eficaces. Durante este tiempo, él continuaba repasando las mismas acciones en una variedad de contextos y con diversas personas hasta que empezaron a entenderlo. Él siguió adiestrando a sus líderes claves, una vez tras otra, acerca de los valores del ministerio celular, hasta que llegaron a ser completamente naturales para ellos.[9]

Jeromy Smith, que hablaba en un tono de voz muy bajo, me dijo que su asesor Timoteo tenía que hacerle recordar constantemente que hablara más fuerte en el grupo. Jeromy dijo: «Esto surgía vez tras vez mientras yo luchaba, y todavía sigo luchando, para hacerme cargo y hablar con voz fuerte en un grupo. Esto era realmente molesto en el verano cuando estaba funcionando el aparato de aire acondicionado… Las personas apenas podían oír lo que les estaba diciendo.

Me ha resultado difícil lograr el cambio, puesto que apenas me doy cuenta cuando estoy hablando bajo». El asesor Timoteo insistió en hablar sobre esta debilidad y Jeromy ha mejorado de forma considerable en esta área.

Ocho hábitos que los líderes celulares deben utilizar[10]

En su libro, *Ocho hábitos de los líderes eficaces de los Grupos Celulares*, Dave Earley identifica actividades claves que deben realizar los líderes celulares repetidamente para poder ser eficaces. Un asesor puede ayudar a un líder celular a identificar sus hábitos fuertes y sus hábitos débiles y entonces poder trabajar sus debilidades leyendo juntos dicho capítulo.

➤ **Soñar** en dirigir un grupo saludable, creciente y multiplicador.
➤ **Orar** por los miembros del grupo diariamente.
➤ **Invitar** a las personas nuevas a visitar el grupo semanalmente.
➤ **Establecer contacto** con los miembros del grupo regularmente.
➤ **Prepararse** para la reunión del grupo.
➤ **Ser mentor** a un aprendiz de líder.
➤ **Tener comunión** con los miembros del grupo a través de las actividades planificadas.
➤ **Crecer** como líder a través del desarrollo personal.

La información es un material barato si no contiene además la experiencia. Leer un libro, asistir a un seminario, etc., no hace que las cosas sucedan. Las personas necesitan más que eso para ser verdaderamente eficaces. Necesitan una práctica constante.

Por mi propia experiencia, he descubierto que depender de la información sobre las células —en lugar de practicar los principios que he aprendido— generalmente conducen al fracaso. La información producirá un impacto en las personas solo por medio de una constante repetición. Jesús utilizó este método con sus discípulos. Él les enseñó, les dio ejemplos prácticos de su enseñanza, permitió que fallaran y les enseñaba de nuevo. Jesús los preparó para tener éxito en su futuro ministerio.

«El gran propósito de la vida no es el conocimiento, sino la acción.» –Thomas Henry Huxley[11]

SUGERENCIAS PARA EL DESARROLLO

Distancie los períodos de enseñanza –No lo dé todo de una vez. Dé a todos la oportunidad de avanzar según ellos puedan ir asimilando la enseñanza. Las nuevas conductas y las nuevas formas de pensar se asimilan mejor cuando se

El modelo de asesoramiento de Jesús

➤ Yo hago –usted observa
➤ Yo hago –usted ayuda
➤ Usted hace –yo ayudo
➤ Usted hace –yo observo

dan correctamente distanciadas en el tiempo. Quizás su líder haya asistido a un curso sobre multiplicación celular o haya leído un libro que usted recomendó sobre el tema. Ahora usted debe dirigir a ese líder en el largo proceso para multiplicar su grupo celular, paso a paso. Repase los pasos una y otra vez.

Promueva una experimentación activa –La gente necesita practicar lo que han aprendido para avanzar de lo teórico a lo práctico. Dé al líder oportunidades concretas para procesar y trabajar a través de la información. Ese líder que está aprendiendo sobre la multiplicación celular debe estar practicando un paso a la vez en su grupo. Anímelo para que intente cada táctica después de que usted la haya repasado. Cuando la practique y la vea en acción, entonces la asimilará.

Levante la barra –El desarrollo se produce a medida que un asesor empuja a los líderes fuera de su posición más cómoda, para que aprendan. Si mantienes a los líderes en el mismo nivel por demasiado tiempo, dejarán de aprender y posiblemente hasta pueden retroceder. Subiendo la barra a diferentes niveles se favorece la mejora continua. Regula los incrementos para que puedas empujarlos hasta un punto de incomodidad sin que se llegue al borde de la caída.

Levantando la barra

«Si usted solamente hace las cosas que sabe hacer bien y cómodamente, nunca conseguirá alcanzar las metas más altas.» –Linda Tsao Yang[12]

APROVECHE LOS MOMENTOS EN QUE SE PUEDE ASESORAR

Después de años de pruebas y errores infructuosos, Thomas Edison estaba acercándose al descubrimiento del filamento apropiado para la bombilla eléctrica. Producir cada nuevo filamento y la bombilla de prueba requería horas de intenso esfuerzo. En los momentos antes de una prueba crucial, Edison y sus colegas vieron cómo un obrero joven, llevando la última bombilla, tropezó en los escalones y estrelló la bombilla en el suelo. Cundió la desilusión en todo el equipo. Al otro día, después de otro gran esfuerzo y concentración, Édison mostró su buena disposición para tolerar los errores pidiéndole a ese mismo obrero joven que llevara la nueva bombilla al sitio de la prueba. Ese espíritu era un ingrediente crucial en el genio de Édison para la innovación.[13]

No sienta temor de sus errores

«El más grande error que uno puede cometer en la vida es estar continuamente con miedo de cometer uno.» –Elbert Hubbard

Las personas aprenden mucho mejor cuando son confrontadas con las pruebas y dificultades –cuando están de repente sobre sus espaldas mirando hacia arriba. Aproveche estas oportunidades para asesorar. Recuérdele al líder de sus conversaciones en el pasado, los seminarios pasados o sus experiencias pasadas.

En ocasiones los líderes cometerán errores. Pero el fracaso es un gran maestro. Cuando un líder ha fallado, Dios puede hacer uso de ese fracaso siempre que el líder esté dispuesto. Además, el fracaso enseña sus lecciones rápidamente y la vida tiene abundantes oportunidades para aprender del mismo. Por desgracia, una de las primeras lecciones de la vida es que el fracaso es malo, hasta vergonzoso. Las personas aprenden a esconder sus fracasos, las excusan o las ignoran –y por eso pierden el valor de aprender de averiguar lo que había salido mal.

«El que no comete ningún error no logrará ningún progreso.» –Teddy Roosevelt

Recuerde a sus líderes que hay una enorme diferencia entre fallar en algo y en ser un fracaso. Todos fallaremos en varias cosas en la vida. Las personas simplemente necesitan fallar hacia adelante.

Cuando falla alguno de sus líderes, es muy probable que él o ella pida consejo. Antes de darle su consejo, sondee al líder sobre cualquier lección que haya aprendido. Anime a sus líderes a contestar sus propias preguntas ayudándolos a descubrir las soluciones a sus problemas. Esté disponible para estimularlos para arribar a su propia comprensión.

«El hierro con hierro se afila, y el hombre con el rostro de su amigo» –Proverbios 27:17

Cuando Jesús andaba con sus discípulos hace más de dos mil años, ellos tenían acceso inmediato a Él y le podían hacer preguntas en el tiempo real. El modo más rápido para interactuar hoy día es por medio del teléfono, que puede dar a los líderes el acceso a su asesor. Asegúrese que sus líderes sepan que pueden ponerse en contacto con usted en cualquier momento para que conteste sus preguntas e inquietudes. El mejor aprendizaje tiene lugar cuando el líder percibe una necesidad o que algo le falta. Es su tarea aprovecharse de esos momentos para brindarle la guía y enseñanza que necesita.

EL ASESOR COMO LA PERSONA DE LOS RECURSOS

Los asesores de los líderes de los grupos celulares deben ser las cámaras de compensación de los recursos de los grupos celulares. Ellos deben asegurarse que los líderes celulares están leyendo libros, asistiendo a los talleres y siguiendo nuevas maneras de mejorar sus capacidades de liderazgo. Es la responsabilidad del asesor ayudar a interpretar la información mientras se reúne con cada líder por separado o en la reunión del grupo.

ESTRATEGIA

«Los asesores apoyan los ministerios los unos de los otros poniéndolos en contacto con los recursos necesarios, tales como el currículo, el entrenamiento o el apoyo en oración.» –Bill Donahue[14]

Cuando me reúno con mis líderes como un grupo todos los meses, comentamos un libro celular diferente. Estudiamos el libro juntos y aprendemos su contenido en un ambiente interactivo. Todos participan, comparten y aplican a sus propias experiencias lo que han aprendido. Diferentes autores tienen maneras y puntos de vista distintos sobre las células, al igual que los líderes celulares. Considerar las células desde ángulos diferentes permite a los líderes escoger los estilos y enfoques que se adecúan mejor a sus grupos. No existen dos grupos idénticos, o sea, que no pueden ser dirigidos exactamente de la misma manera.

Libros buenos para leer con los líderes celulares

–*Cómo dirigir un Grupo Celular con éxito*, por Joel Comiskey
–*Ocho hábitos de líderes de grupos pequeños eficaces*, por Dave Early
–*Dirigiendo desde el corazón*, por Michael Mack
–*La explosión de los Grupos Celulares*, por Joël Comiskey
–*Haciendo que los Grupos Celulares funcionen*, por Scott Boren
–*Nueve claves para el liderazgo eficaz de los grupos pequeños*, por Carl George
–*Manual de guía para el pastor*, por Ralph W. Neighbour, hijo
–*El libro grande sobre los grupos pequeños*, por Jeffrey Arnold

Los grandes recursos le ayudarán a usted y a sus líderes celulares a realizar las mejores estrategias. Le corresponde a usted, asesor, poner a sus líderes en contacto con los recursos que ellos necesitan para tener éxito. Los grandes recursos llenarán sus mentes de las semillas necesarias para conseguir que se realice la tarea. Procure ser una persona que proporciona los recursos y mejorará usted y los líderes bajo su cuidado.

CONÉCTESE ONLINE

Yo establezco contacto con mis líderes en línea todo el tiempo. Constantemente les estoy enviando artículos, citas y estímulo a través del correo electrónico. La comunicación con sus líderes en línea es una manera rápida y eficaz de proporcionar los recursos. Usted les puede enviar peticiones de oración de forma instantánea, actualizaciones en tiempo real del ministerio celular y material útil que les animará a seguir adelante en tiempos de desazón. La información enviada mediante el correo electrónico es tremenda porque sus líderes pueden procesar la información en forma privada y la tienen a mano para el futuro. Para el conocedor de Internet, otra opción en línea es la mensajería instantánea. De todas maneras, veo que una simple llamada telefónica es más personal y más eficaz.[15]

¡Pruebe esto!

Recursos potenciales para sus líderes

➤ Una suscripción a la Revista *CellGroup:* <http://www.touchusa.org/>
➤ Suscripción para ser miembro de «Small Group Network» (Red de los Pequeños Grupos): <http://www.smallgroups.com/>
➤ Una carta circular por correo electrónico compartiendo las novedades sobre los grupos celulares.

¿CARENCIA DE HABILIDADES O FALTA DE APLICAR EL CONOCIMIENTO?

Sucede a menudo que los líderes dejan de desarrollarse porque no aplican la información que ya aprendieron. Los líderes celulares obtienen el conocimiento y lo emplean o lo pierden. Los líderes a menudo llegan a un callejón sin salida en su desarrollo, no porque les faltan las habilidades para tener éxito, sino porque no han aplicado el conocimiento que ya obtuvieron. A menos que escojan usarla, la información no hará ningún bien. En *El líder como Asesor,* podemos leer lo siguiente:

En muchos casos, las personas tienen ya las habilidades o el conocimiento que necesitan, pero les faltan la confianza, la motivación o las técnicas para aplicar las nuevas habilidades. Determine si necesitan enfocar en el aprendizaje o en la realización; identifique cuál es la llave que abrirá la realización de cada persona.[16]

Uno de los roles principales de un asesor es el de ayudar a los líderes a aplicar las habilidades que ya han aprendido. Un asesor no solamente debe enfocarse en el desarrollo de los líderes según sus necesidades (como evangelizar, escuchar, dirigir una célula o cómo hacer que se produzca la comunidad), sino también en cómo pueden desarrollarse mejor. A esto se le llama asesoramiento circunstancial.

Vinicio es una persona con sus propias ideas para progresar en la vida y lleva su propia tienda. Él y su esposa Patricia desean seguir a Jesús sobre todas las cosas y son grandes líderes de sus grupos celulares. Yo he aprendido que Vinicio responde mejor al estilo de liderazgo de la no-intervención, y delego mucho en él, sabiendo que es un seguidor maduro. Fallaría terriblemente con Vinicio y Patricia ejerciendo demasiada autoridad o exigiéndoles determinadas tareas.

Miguel, por otra parte, es un líder celular que no cumple con sus compromisos. Aunque espiritualmente maduro, carece de motivación para muchas tareas en la vida. He descubierto que el mejor enfoque para el liderazgo de Miguel es el directo. Necesito decirle justo lo que yo quiero que haga, y después supervisarlo de cerca para asegurarme de que lo termine.

Es importante usar el mejor estilo que se adapte mejor a cada uno de sus líderes. La única manera de saber la diferencia es conocer íntimamente a cada líder y lo que ese líder necesita.

Cómo surgieron los líderes[17]

Dones Naturales	10 %
Como Resultado de una Crisis	5 %
Por Influencia de Otro Líder	85 %

LA META ES LA CONFORMIDAD A CRISTO

¿Logró Jesús un cambio en la vida de sus discípulos? Totalmente. Los discípulos crecieron social, intelectual y espiritualmente. Todos notaron el cambio que efectuó el Señor Jesús. Estos hombres eran sencillos e incultos. En Hechos 4:13-15, leemos lo siguiente: «Entonces, viendo la valentía de Pedro y de Juan y sabiendo que eran hombres sin letras y del vulgo, se admiraban; y les reconocían que habían estado con Jesús».

Su meta como asesor es la de ayudar a conformar a sus líderes a la imagen de Jesucristo. Romanos 8:29 dice: «A los que antes conoció, también los predestinó para que fueran hechos conformes a la imagen de su Hijo, para que él sea el primogénito entre muchos hermanos». La meta para el asesoramiento está resumida en las palabras de Juan el Bautista: «Es necesario que Él [Jesús] crezca, y que yo disminuya» (Juan 3:30).

CAPÍTULO 6

TRACE ESTRATEGIAS

Mi familia quedó encantada con la película «Recuerda los Titanes.»[1] Basada en una historia verídica sobre las tensiones raciales, abolición de la segregación racial y la amistad inesperada, esta película enfoca en la estrategia de una cosa –la estrategia del Asesor Boone. El Asesor Boone, representado por Denzel Washington en la película, es un asesor de fútbol afroamericano que tiene que desarrollar más de una estrategia para ganar en la cancha –debe convertir un equipo blanco y un equipo negro en un solo equipo.

Igualmente, los asesores de los grupos celulares deben ayudar a los líderes a desarrollar las estrategias que harán que sus grupos progresen para lograr la visión que Dios les ha dado.

LA ESTRATEGIA DE LA VISIÓN

Antes de que los líderes puedan escoger una dirección, ellos deben desarrollar en primer lugar una imagen del estado futuro de la célula –en una condición que es mejor que la actual.

Un líder celular bastante emocionado tuvo la visión de una escuela secundaria local llena de grupos celulares. Este sueño lo llevó a hacer planes prácticos para la multiplicación de la célula. Su visión era contagiosa y reunió a otros para apoyarlo.

Estimule a sus líderes celulares para soñar acerca de sus grupos, de pedirle a Dios para que les dé su guía. Ayude a sus líderes a tener una amplia comprensión del crecimiento espiritual de sus miembros celulares, de los nuevos líderes potenciales y de la multiplicación del grupo. Eric Johnson escribe:

> El primer elemento para la creación de nuestra estrategia es la visión. Éste es el elemento que hace que nuestra estrategia sea diná-

mica. Muchos grupos se marchitan o resuelven ser simplemente un grupo social debido a la falta de una visión clara. Incluya a sus líderes y gaste mucho tiempo en oración para buscar la visión de Dios para su grupo. Recuerde que éste es el ministerio de Dios y no el nuestro. Por la inclusión de sus líderes ellos se apropiarán en mayor grado de la visión y aprenderán a hacer lo mismo cuando ellos lleguen a ser asesores.[2]

¿Así que, cuál es la visión estratégica para los grupos celulares? Jesús lo declara claramente en Mateo 28:18-20: «hacer discípulos». El ministerio celular es una de las mejores formas para cumplir el mandamiento de Cristo de hacer discípulos. Los líderes celulares estarán cumpliendo con Mateo 28:18-20 cuando empiecen a asesorar a los nuevos líderes que han dejado que sus células empiecen sus propios grupos.[3]

ESTRATEGIA

La estrategia clave: El desarrollo del liderazgo

«El crecimiento de las células está basado en el surgimiento de los líderes desde adentro. La mayor prioridad del líder celular es la de identificar potenciales aprendices para comenzar el proceso del discipulado.»[4]

El bosque por los árboles

En 1992, escribí en mi manual celular: «El enfoque central de las células es la evangelización y el discipulado». En la misma página yo escribía también: «El objetivo principal de nuestro sistema es que los miembros de cada célula experimenten una verdadera comunión unos con otros». Yo, como muchos otros, creía que la estrategia celular primaria era el progreso interno, interviniendo en los grupos existentes para mejorarlos. Yo pensaba que el enfoque principal de un asesor era el de crear una mejor comunión y mantener la situación con un mínimo de problemas.

Aunque todavía creo que la comunión y otros detalles celulares son metas secundarias importantes, no pienso que estos detalles deban controlar su estrategia global. Mientras realizaba mi investigación para mi tesis de doctorado en las iglesias celulares más grandes en el mundo, noté algo diferente. Las células en estas iglesias eran muy saludables, pero su enfoque estaba en la evangelización que producía la multiplicación. La meta global estratégica era la multiplicación de los grupos celulares. Las metas secundarias eran el perfeccionamiento de las dinámicas de los grupos pequeños, la evangelización eficaz en la célula, una comunión mejor entre los miembros, el asesoramiento de los líderes, y así sucesivamente.

En la investigación de los grupos celulares alrededor del mundo, he descubierto que los grupos celulares no son la respuesta. A menos que los miembros de los grupos celulares lleguen a ser líderes de los grupos celulares, los grupos celulares se estancarán y morirán.

LA MULTIPLICACIÓN TIENE QUE VER CON LA SALUD

Cuando muchas personas oyen decir que la multiplicación celular es la meta principal del ministerio celular, piensan sobre los números, o que el crecimiento de la iglesia es la meta definitiva. En realidad, la situación es justamente todo lo contrario. La preocupación principal es la salud de la iglesia. El hecho es que las células saludables son células multiplicadoras.

ESTRATEGIA

Precauciones con respecto a la multiplicación

Asegúrese que los líderes de la multiplicación en el futuro se desarrollen para salir y evangelizar a sus comunidades y amigos. Es posible que los líderes celulares llenen sus células con las personas de los cultos del domingo y nunca salgan para evangelizar a nuevas personas. Para evitar esto, anime a los líderes para que consigan su núcleo de personas de la celebración del domingo (tal vez siete personas), pero que después movilicen ese núcleo para que ejerciten continuamente sus «músculos evangelísticos».

El enfoque en la consiguiente multiplicación es necesario para la salud de la célula. No es un juego de números o una trampa de estadísticas. Más bien, es la única manera de mantener a la célula con salud.

Multiplicación = Salud

La investigación de Christian Schwarz trajo a la luz ocho características cualitativas de todas las iglesias crecientes (tras desmenuzar 4.2 millones de datos de información de mil iglesias en 32 países). Schwarz dijo esto: «Si fuéramos a identificar un cierto principio particular como el más importante, entonces sin ninguna duda sería el de la multiplicación de los grupos pequeños.»[5] Y sigue diciendo: «Les preguntamos a todos los participantes de la encuesta... con respecto a sus planes concretos para su propio grupo [la multiplicación]. Prácticamente no hay ningún otro aspecto de la vida de la iglesia que tenga una influencia tan grande tanto sobre el índice de calidad como también el crecimiento de una iglesia.»[6]

PRESTE ATENCIÓN A LOS DETALLES

Aunque la visión estratégica es la multiplicación celular, los asesores deben pasar la mayor parte de su tiempo enfocando en los detalles: haciendo surgir nuevos líderes, promoviendo la evangelización y el discipulado y manteniendo a los líderes de la célula madre con salud espiritual.

Para que haya multiplicación celular, el líder celular tiene que hacer varias cosas bien. Es la tarea del asesor de ayudar al líder con cada uno de ellas.

El concepto MIDE[7]

> ➤ **M**ire buscando los líderes que van surgiendo
> ➤ **I**nvítelos para compartir las tareas de liderazgo
> ➤ **D**iscipúlelos hasta que ellos puedan reemplazarle
> ➤ **E**nvíelos para servir en el ministerio

Uno de los detalles más importantes es la de encontrar a un aprendiz. Un asesor debe trabajar con el líder para identificar un potencial aprendiz que tenga hambre de Dios y sea fiel en asistir y participar en la célula. Después el asesor debe ayudar al líder a acercarse y desarrollar al aprendiz.

Hay varios detalles más, que son claves, que un asesor debe atender con sus líderes. Los líderes celulares deben mejorar la dinámica del grupo celular, discipular a los miembros celulares actuales y evangelizar a las personas nuevas para preparar en la multiplicación de la célula. Concentrarse en un detalle a expensas de los otros enlentecerá o incluso detendrá el crecimiento celular.

Si un líder se concentra exclusivamente en las dinámicas de los grupos celulares (por ejemplo, la lección, las habilidades para escuchar), entonces sufrirá el desarrollo de los líderes. Si un líder solamente se enfoca en el

La multiplicación celular abraza tantas cualidades de liderazgo diferentes que merece ser el foco central del ministerio celular.

discipulado, el grupo crecerá hacia adentro y se estancará. Si un líder se concentra en la evangelización, muchos creyentes saldrán por la puerta de atrás. Para que los líderes de los grupos celulares alcancen el punto de la multiplicación celular, deben hacer muchas cosas bien y deben ser felicitados y honrados por esos logros.

Para multiplicar un grupo, un líder debe orar diariamente por los miembros de la célula, prepararse espiritualmente delante de Dios, visitar a los miembros del grupo, hacer muchas llamadas telefónicas para invitar a personas nuevas, preparar las lecciones para la célula, hacer cualquier otro arreglo que haga falta y, ante todo, asesorar a los líderes nuevos para dirigir las células nuevas. Es un paquete completo.

ESTRATEGIA

Pautas para liberar a los nuevos líderes

➤ Lance la visión desde el primer día.
➤ Recuerde y repase la visión periódicamente.
➤ Ore con respecto a quién liberar y cuándo hacerlo.
➤ Delegue responsabilidades.
➤ Concéntrese en el equilibrio y la multiplicación vendrá después.
➤ Evite la terminología negativa (por ejemplo, dividirse, separarse, etc).

83

Los líderes celulares exitosos delegan tantas tareas como sea posible, estimulando a otros en el grupo para que visiten, hagan llamadas telefónicas y participen en la célula. Los líderes celulares simplemente se aseguran que estos detalles sean atendidos.

Establezca una fecha para la multiplicación

Un asesor y un líder celular deben soñar juntos con una fecha concreta para multiplicar la célula. La fecha debe estar lo suficientemente lejos como para asegurar la salud de las células madre e hija, pero lo suficientemente cerca como para asegurar una cierta urgencia. Los líderes celulares deben discutir la meta para multiplicar con los miembros de la célula. Porque la reproducción involucra a todos los miembros del grupo y uno o dos estarán dirigiendo incluso el nuevo grupo, es importante ser franco y abierto. La meta de la multiplicación comienza con los miembros de la célula.

Pregunté a los setecientos líderes celulares encuestados para la tesis de mi doctorado: «¿Sabe usted cuándo va a multiplicar su grupo?». Las posibles respuestas eran: «Sí», «No» o «No estoy seguro». Los líderes celulares que conocían sus metas –cuándo sus grupos habrían de multiplicar– multiplicaban de forma consistente más a menudo que los líderes que no las conocían. Los líderes celulares que no fijan las metas como para que los miembros celulares las recuerden claramente tienen aproximadamente entre una y dos oportunidades de multiplicar sus células. Pero los líderes que establecen metas claras aumentan sus oportunidades de multiplicar entre tres y cuatro veces.

Establecer una fecha para la multiplicación ayuda en la conducción de todos los distintos elementos del grupo celular para un propósito unificado. Sin una fecha, aunque ésta no sea exacta, no hay ninguna preparación. Una madre que da a luz sabe aproximadamente la fecha del parto. Ella prepara todo su mundo para el nacimiento de ese hijo –la casa, sus hábitos, el futuro. La fecha del nacimiento llena el itinerario de la madre y domina todas sus actividades. Todo fluye de él.

GUIANDO EL PROCESO DE MULTIPLICACIÓN

Un buen asesor dará amables recordatorios sobre la reproducción celular. «¿Jorge, a quién está preparando para dirigir el próximo grupo?» «¿Le ha dicho al grupo sobre el propósito principal de la multiplicación celular?», Si usted detecta la tendencia hacia el estancamiento, estimule suavemente a sus líderes celulares para que se multipliquen. Luego ayúdeles a encontrar y a preparar a los nuevos líderes. Los líderes celulares a menudo no saben qué buscar en un aprendiz. Ellos intentan descubrir el talento, los dones o una gran personalidad. Algunos incluso se siguen concentrando en las características físicas y externas. Ahí es donde usted, el asesor más experimentado, proporciona su ayuda para discernir los valores espirituales. Usted los capacita para que puedan ver la obra más grande de Dios.

Jay Firebaugh, el pastor titular de la Iglesia de Clearpoint en la ciudad de Houston, Texas, ha adiestrado a docenas de grupos a través del proceso de la multiplicación. A través tanto del fracaso, como de la introspección y del éxito, Jay Firebaugh ha desarrollado la técnica del Grupo del Hogar Lamaze.

¿Cuánto tiempo se requiere para multiplicar un grupo?

➤ Un año es normal. Sin embargo, esto difiere de un país a otro, según la receptividad de las personas.

➤ En los países latinoamericanos, el promedio es de 9 meses y en algunas ciudades la multiplicación solo toma seis meses.

➤ En Europa toma mucho más tiempo para multiplicar, a veces tanto como 24 meses.

ESTRATEGIA

El rol del asesor en la multiplicación

➤ Compartir la visión.

➤ Proporcionar la afirmación para el líder y su aprendiz.

➤ Participar en el proceso (ir a reuniones que conduzcan al nacimiento del nuevo grupo).

➤ Seguimiento (manténgase en contacto constantemente con el líder a lo largo del proceso).

➤ Administración (proporcionar recursos y entrenamiento para el líder).

Ayudar a un líder a dar nacimiento es un papel crucial para un asesor. Involucra la enseñanza que viene fundamentalmente de la experiencia personal. Un asesor eficaz es uno que ha estado allí y que simplemente le recuerda al líder que va a funcionar –que el nuevo nacimiento sobrevivirá y que el grupo madre no morirá en el proceso.

¡Pruebe esto!

Grupo Casero Lamaze[8]

➤ PRENATAL (Semanas 1, 2 y 3)
- Busque aprendices y un nuevo hospedador dentro del grupo.
- Hable acerca del próximo nacimiento y por qué es importante.
- Comparta partes de la reunión entre el líder celular y el aprendiz. Divida el grupo para el tiempo del ministerio. Haga que el líder celular y el aprendiz vayan a diferentes partes de la casa.
- Ministre a las personas durante la semana. Es importante que el líder celular y los aprendices ministren cada uno de ellos (llamadas telefónicas, contactos sociales, etc.) con los individuos que estaban en su parte del grupo cuando se dividieron para compartir.

➤ NACIMIENTO (Semana 4)
- Reúnanse como células separadas, pero en la misma casa.

➤ POSNATAL
- Semanas 5, 6, y 7: Reúnanse como dos células separadas en dos lugares diferentes.
- Semana 8 (1 mes después del nacimiento): Vuelvan a juntarse en una reunión. No debe ser una reunión formal sino un tiempo de compañerismo y para disfrutar de su mutua compañía.
- Semanas 9, 10 y 11: Reúnanse como dos células separadas en dos lugares distintos.
- Semana 12 (2 meses después del nacimiento): Reúnanse de nuevo. ¡En general, a esta altura los miembros celulares disfrutan el tiempo que están juntos pero encuentran que han hecho la transición y que su nueva célula realmente es donde ellos están conectados!

Una reunión importante debe enfocar en la manera cómo el grupo hará la multiplicación. En cuanto el asesor y el líder sienten que el aprendiz está plenamente preparado, ellos deben considerar las opciones de la multiplicación:

- La multiplicación madre-hija –La mitad del grupo sale bajo el liderazgo del aprendiz, o el líder celular actual lleva a la célula hija, dejando la célula original con el aprendiz.
- Equipo plantador de un grupo –Dos personas salen para plantar una nueva célula.
- Modelo de plantación modificado –El líder celular actual sale con uno o dos más.
- Modelo de uno solo –Un aprendiz sale para encontrar a un ayudante para empezar un grupo celular.
- Modelo «Cluster» –El nuevo grupo potencial se reúne en otro cuarto de la casa mientras se prepara para dejar la célula madre.

Los asesores son fundamentales para todo el proceso de la formación y nacimiento de los nuevos grupos. Ellos saben la fecha y trabajan con los líderes celulares a lo largo de todo el proceso de multiplicación. Ellos orarán juntos sobre la mejor opción para la multiplicación y trabajarán unidos con el grupo celular para lograr la meta de la multiplicación.

Al tener conocimiento de primera mano del desarrollo celular y la multiplicación tendrá la confianza necesaria para ayudar a los líderes con éxito para multiplicar un grupo nuevo. Habiendo experimentado el proceso, podrá identificarse con los líderes que está adiestrando. Usted no es simplemente un experto residente que nunca ha tenido que ensuciarse las manos, sino que es alguien que conoce las sogas y ha estado en los zapatos de los líderes.

TODOS PARTICIPARÁN EN LA ESTRATEGIA

No permita a los líderes celulares caer en la trampa de hacer todo el trabajo. Los líderes celulares son los que facilitan, no los caballitos de batalla. Los líderes celulares orquestarán el trabajo para que todo el grupo lo realice.

ESTRATEGIA

Errores comunes en la multiplicación

➤ En la asignación de las personas a un grupo
➤ Multiplicar antes que el aprendiz del líder está listo
➤ Separación de vínculos muy unidos
➤ Lentitud en la velocidad de crecimiento en los nuevos grupos

Si uno de sus líderes se niega a delegar, recuérdele a él o a ella la diferencia entre la pesca con la red y la pesca con la caña. La pesca con la red es mucho más productivo y el equipo hace el trabajo juntos. Todos participan. Hay demasiado trabajo para que un líder haga todo solo.

¡Pruebe esto!

Taller de Planificación de Estrategias (AAAA)

Jim Egli identificó cuatro valores claves que hacen que los grupos celulares sean saludables y resulten en nuevos grupos: de oración, comunidad, evangelización de relaciones y discipulado. Él desarrolló un taller llamado *Arriba, Adentro, Afuera y Adelante*, donde todo el grupo celular puede reunirse y determinar el nivel de cada uno de estos valores. Luego cada grupo puede trabajar juntos para desarrollar un plan para desarrollar cada uno de estos valores. Los miembros de las células tienen una oportunidad de contribuir con sus ideas para la estrategia –y hasta puede apropiarse de estas ideas. Cuando los grupos celulares usan esta herramienta para desarrollar una estrategia, los miembros celulares ven cómo ellos pueden contribuir a la visión e incluso llegar a ser líderes.[9]

Un asesor debe animar a los líderes celulares a mantener estas pautas:

- Delegar las diferentes partes de las reuniones semanales a otros durante un mes cada vez y velar por ellos mientras lo hacen. Pídale a alguien en el grupo que se encargue de los refrescos, la oración, la adoración y el tiempo de ministración.
- Establezca las relaciones del mentor-protegido en el grupo (o los vínculos de rendición de cuentas) y supervíselos.
- Reúnase con los aprendices todas las semanas y decidan juntos cuáles serán los próximos pasos para el grupo. Después, permita que dichos aprendices obtengan experiencia de primera mano dirigiendo las células. Esto reducirá la carga del trabajo del líder y les dará a los líderes nuevos una visión para el futuro.

Por involucrar a otros, el grupo llegará a ser un lugar emocionante de ministerio y crecimiento. También impedirá al líder sentirse igual que Atlas, con el peso del mundo sobre sus hombros.

PASE EL BASTÓN

Al final de su vida, Pablo exhortó a su propio discípulo, Timoteo en los siguientes términos: «Lo que has oído de mí ante muchos testigos, esto encarga a hombres fieles que sean idóneos para enseñar también a otros» (2 Timoteo 2:2). Tenga bien presente la palabra «fieles.» El trabajo de pasar el bastón a las generaciones sucesivas de liderazgo no debe detenerse debido a un eslabón malo en la cadena. El desarrollo del liderazgo debe continuar. La tarea principal de un líder celular debe ser, por consiguiente, lograr dejar de realizar un trabajo por medio del entrenamiento de los miembros celulares para dirigir el grupo celular. Lejos de perder un trabajo, los líderes que hacen discípulos ganan autoridad, nuevo liderazgo y la multiplicación celular. ¡Finalmente llegan a ser los asesores celulares! Por concentrarse en el desarrollo de los líderes, los asesores ayudan a los líderes a multiplicar su ministerio una vez tras otra.

Capítulo 7

DESAFÍE

Yo determiné que debía enfrontar a uno de mis líderes sobre un problema particularmente peliagudo y sutil. Este problema dormía profundamente debajo de la superficie –hasta que llegué a conocer a este líder íntimamente. Era uno de esos problemas que nunca habría notado si no hubiera intimado con él como su asesor; sin embargo estaba afectando a los líderes de su entorno y le impedía realizar un liderazgo eficaz. Francamente, yo no quería hablar con él sobre dicho tema. ¿Explotaría? ¿Me rechazaría? El amor me decía que yo debía enfrentarlo. Cuando le hablé la verdad en amor, él reconoció mi consejo, se comprometió a cambiar y me lo agradeció.

Un asesor no es un buen asesor si le permite al líder escaparse con la mediocridad o que se pierda vagando por el camino equivocado. Hable la verdad. ¡Dígalo tal como es! Pablo dice en Efesios 4:15: «Sino que, siguiendo la verdad en amor, crezcamos en todo en aquel que es la cabeza, esto es, Cristo». La parte del amor asegura que los asesores serán sensibles cuando se atrevan a hablar la verdad.

Hablando la verdad en amor

Las personas separan a menudo el cuidado de las personas, de la confrontación: cuidar es bueno, confrontar es malo. David Augsberger, sin embargo, piensa que ambos funcionan juntos. Él ha acuñado la palabra cuida-frontación. Él escribe lo siguiente: «El "cuida-frontación" significa proporcionar el cuidando genuino que le pide a otro que crezca… El "cuida-frontación" es brindar la confrontación verdadera que permite una mayor visión y entendimiento… El "cuida-frontación" reúne el amor y el poder. El "cuida-frontación" reúne la preocupación por la relación con la preocu-

91

pación por las metas. Así uno puede tener algo por lo cual luchar (las metas) y también alguien que estará junto a él (la relación) sin sacrificar unas por la otra o colapsar unas en la otra».

Las maneras de ver el conflicto[2]

➤ El destino: «Apenas puedo llevarme bien con esa persona». La respuesta: *Lo agarraré.*

➤ Aplastante: «Debo evitar el conflicto porque duele demasiado». La respuesta: *Yo me largo.*

➤ Bien o mal: «Debo exponer su error». La respuesta: *Me rindo.*

➤ Mutua diferencia: «Iré parte del camino para resolver el conflicto». La respuesta: *Nos encontraremos a la mitad del camino.*

➤ Natural, normal: «Tengo diferencias honestas que pueden ser resueltas». La respuesta: *Me preocupa lo suficiente como para confrontar.*

Las Escrituras dicen que Jesús estaba lleno de gracia y verdad (Juan 1:14). Juan 1:17 dice «Porque la Ley fue dada por medio de Moisés, pero la gracia y la verdad vinieron por medio de Jesucristo». Los asesores a veces piensan que el asesoramiento significa asentir con la cabeza a todo lo que el líder dice. Pero asesorar es más que responder como un oyente simpático.

La mayoría de las personas tiende a dar énfasis a la gracia por encima de la verdad. Quieren ser apreciados. Quieren dar una buena impresión. Jesús, sin embargo, estaba lleno de gracia y verdad. Cuando debe hablar, un gran asesor equilibrará la gracia (por ejemplo, escuchando, animando, cuidando), con la verdad (por ejemplo, compartiendo la estrategia o desafíos).

¿Puede imaginarse a un asesor de deportes que no diga a los jugadores cuándo deben mejorar? Un gran asesor hará notar a los jugadores sus debilidades para mejorarlos. Los jugadores esperan esto de sus asesores. La mayoría de las personas vive

«¡Besados sean los labios del que responde con palabras correctas!» –Proverbios 24:26

según la máxima: «Evite el conflicto a toda costa». Pero habrá conflicto y habrá desacuerdo, no importa qué hagan las personas o cuán bien realicen los trabajos. Un proverbio chino declara: «El diamante no se puede pulir sin fricción, ni el hombre ser perfeccionado sin las pruebas».

El oyente pasivo

Un psiquiatra está sentado con su cliente:

Paciente: «Estoy muy deprimido».
Psiquiatra: «Yo le oigo decir que usted está muy deprimido».
Paciente: «Sí, realmente estoy muy dolorido».
Psiquiatra: «De acuerdo, usted realmente está dolorido».
Paciente: «Sí, he pensado terminar con todo».
Psiquiatra: «Sí, usted está pensando terminar con todo».
Paciente: «Incluso podría hacerlo ahora mismo».
Psiquiatra: «De acuerdo, usted podría incluso hacerlo ahora mismo».

El paciente salta por la ventana y el psiquiatra salta después de él.[3]

Uno de mis líderes proponía siempre ideas brillantes (lecciones celulares en vídeo, labor celular domiciliaria, etc.). Sin embargo, carecía de habilidad para hacer el seguimiento de sus ideas. A medida que su entusiasmo por las ideas más viejas se marchitaba, él lanzaba nuevos proyectos. Mientras observaba esta conducta, me di cuenta de que tenía que hablar con él sobre el peligro de amontonar una idea tras otra sin cumplir con el último. Yo podría haber pasado por alto mis convicciones para mantener la paz y para que fuera más fácil, pero el amor exigía que yo lo desafiara a confrontar su conducta.

«Yo me suelo preparar para confrontar de la misma forma en que fabrico un sandwich. Yo pongo la confrontación en el medio, como la carne. En ambos lados pongo la afirmación y el estímulo.»
–Juan Maxwell[4]

Quedar a la espera y ser «bueno» cuando usted debe compartir la verdad no sirve a los mejores intereses del líder. Desafíe a su líder y él/ella lo apreciarán por eso. Incluso la Biblia, en Hebreos 3:13, dice: «Antes bien, exhortaos los unos a los otros cada día, entre tanto que se dice "Hoy", para que ninguno de vosotros se endurezca por el engaño del pecado».

ESTRATEGIA

Diez pautas para confrontar

➤ Confronte lo más pronto posible.
➤ Separe a la persona de la acción mala.
➤ Confronte solamente lo que una persona puede cambiar.
➤ Dé a la persona el beneficio de la duda (comience con la idea de que sus motivos son los correctos).
➤ Sea específico.
➤ Evite el sarcasmo.
➤ Evite las palabras como «siempre» y «nunca».
➤ Dígale a la persona cómo usted se siente sobre lo que hizo hace mal.
➤ Dé a la persona un plan para resolver el problema.
➤ Afírmelo como una persona y un amigo.

La interrupción de su líder

La interrupción es una técnica que permite al asesor desviar la conversación cuando el líder está yendo por las ramas. También es importante cuando el asesor percibe que el Espíritu de Dios quiere llevar la conversación en una dirección diferente. En lugar de esperar por una pausa socialmente cortés, el asesor interrumpe y desvía la conversación.

Permítame, por favor

«Es probable que un asesor interrumpa en el medio de una... historia para hacer una pregunta. Esta interrupción podría ser considerada grosera... pero es un aspecto poderoso de la conversación de asesoramiento. Está diseñada para ir directo al meollo del asunto.»[5]

La interrupción es de ayuda para que el asesoramiento sea equilibrado. En un lado del espectro está el asesor que habla demasiado; en el otro está el asesor que no habla cuando debe hacerlo. Si un asesor no suele interrumpir, sobre todo cuando el líder empieza a irse por las ramas, el líder empezará a pensar que la sesión de asesoramiento es un lugar para contar historias. Es sumamente importante la interrupción cuando el Espíritu de Dios le interrumpe a usted, el asesor.

ESTRATEGIA

Cinco «reglas empíricas» para una retroalimentación eficaz[6]

La retroalimentación eficaz es…

➤ Descriptiva en lugar de evaluativa
* Describa lo que usted vio u oyó, no su juicio de ello (por ejemplo: «Tomás, noté que usted no mira a sus miembros cuando habla… Yo me pregunto si es usual o simplemente mi observación de esa única vez», en lugar de «¿Tomás, por qué usted no mira a sus miembros cuándo habla? Ellos no saben que usted les está hablando a ellos, así que ellos se aburren»).

➤ Específica en lugar de general.
* No hable con rodeos.
* Trabaje sobre un problema a la vez; diríjase al asunto que usted piensa que necesita ser cambiado (por ejemplo: «Yo no sentía que la adoración estaba fluyendo como debía. ¿Por qué no hace la prueba de agregar algunas canciones nuevas de las grabaciones de adoración?».

➤ Dirigido hacia la conducta controlable en lugar de los rasgos de personalidad o sus características.
* ¡No ataque el carácter! (por ejemplo: «Usted siempre está queriendo salirse con la suya; usted es bastante terco, ¿no le parece? ¡Quizá por eso su aprendiz no puede trabajar con usted!».
* Ayúdelos a cambiar las conductas controlables.

➤ Solicitada en lugar de impuesta.
* No diga: «¡Simplemente haga lo que yo le diga!».
* Trabaje hacia una relación de cooperación.
* Venda su punto de vista y deje que el líder del grupo celular sea un cliente dispuesto.

➤ Poco después del evento en discusión en lugar de hacerlo varios meses después.
* No plantee un evento que sucedió no más que dos semanas antes.
* Hable de ello dentro de los dos días siguientes, si es posible.

Yo encuentro el concepto de la interrupción como algo muy liberador. Cuando estoy adiestrando a los líderes, trato de escuchar en el nivel III, quedando sintonizado con el líder y con el Señor. Mi meta es prestar atención a todo lo que pasa a mi alrededor —la voz del líder, señales no verbales, conversaciones pasadas y sobre todo, al Espíritu de Dios. En ocasiones siento que el Espíritu me dice que explore un área diferente, así que interrumpo y le hago una pregunta al líder: «¿Está usted luchando aún con Tomás, el charlatán?» o, «¿Ha progresado al pasar un tiempo con Jesús todos los días?».

Escuche qué dice Dios y aproveche el momento

Durante una sesión de asesoramiento, es posible que Dios quiera revelarle algo. El mundo dice que esto es intuición, pero los creyentes saben que Dios les habla directamente con una voz suave y apacible.

Quizás en el medio de una sesión, un asesor podría decir: «Siento que está preocupado por algo. ¿Es cierto?». Si el líder está luchando, él lo dirá. Si no, el asesor no ha perdido nada. Un asesor debe abandonarse y ser guiado por el Espíritu.

La tendencia humana natural es de detenerse al principio, analizar y asegurarse que la impresión dada por Dios es viable. Para cuando el asesor ha realizado una serie de pruebas de validación con respecto a la impresión que recibió de Dios, el líder ya ha seguido adelante a una fase completamente diferente en la conversación. El momento se ha perdido.

El primer capítulo —«Reciba»— hablaba de la necesidad de estar conectado con el Espíritu Santo y estar preparado para escuchar al líder. Cuando un asesor está recibiendo, el Espíritu de Dios le mostrará cómo proceder.

La palabra «impresión» define mejor la manera cómo Dios me habla. Él impresiona en mi mente y espíritu su voluntad y sus deseos para mi vida. Cuando he pasado tiempo en su presencia, me he familiarizado con sus suaves toques de aviso.

Es difícil de describir estos suaves toques de aviso. Simplemente me doy cuenta cuando Dios me está hablando. Es sencillo, claro, suave y correcto. Mi reacción interior es la siguiente: «Sí, así es».

Estas impresiones me pueden mostrar a quién debo llamar, adónde debo ir o lo que debo hacer.

Cuando Dios habla, siempre hay paz. Pablo dice: «Que la paz de Dios gobierne vuestros corazones, a la que fuisteis llamados en un solo cuerpo. Y sed agradecidos» (Colosenses 3:15). La frase «gobierne vuestros corazones» significa cantar los goles como un árbitro. La paz de Dios ayudará a las personas a conocer las decisiones que Él tiene para sus vidas, como un árbitro anunciando los goles o los aciertos del bateador.

Al mismo tiempo, la voz de Dios nunca vendrá de una manera que lleve a las personas a confrontar con confusión o miedo. Santiago describe esta diferencia:

«¿Quién es sabio y entendido entre vosotros? Muestre por la buena conducta sus obras en sabia mansedumbre. Pero si tenéis celos amargos y rivalidad en vuestro corazón, no os jactéis ni mintáis contra la verdad. No es esta la sabiduría que desciende de lo alto, sino que es terrenal, animal, diabólica, pues donde hay celos y rivalidad, allí hay perturbación y toda obra perversa. Pero la sabiduría que es de lo alto es primeramente pura, después pacífica, amable, benigna, llena de misericordia y de buenos frutos, sin incertidumbre ni hipocresía» (Santiago 3:13-17).

Aprendiendo a oír la voz de Dios

«Cuando Dios le habla y usted responde, llegará el momento en que podrá reconocer su voz cada vez con más claridad. Algunas personas tratan de pasar por alto la relación de amor. Algunos buscan una señal milagrosa o intentan depender de una «fórmula» o de una serie de pasos para descubrir la voluntad de Dios. Sin embargo, no existe nada que pueda sustituir la íntima relación con Dios.» –Henry Blackaby[7]

Incluso cuando Dios está hablando sobre el pecado, Él lo hace de una manera directa pero suave. Satanás, por el contrario, rompe y perturba. Él es ladrón, asesino y mentiroso que asusta, causa pesar y se deleita en dejar a las personas desvalidas y confundidas.

Cuando usted siente que el Espíritu de Dios le ha hablado y desea interrumpir al líder para expresarlo, usted podría decir:

- Yo siento que…
- ¿Puedo decirle la impresión que tengo…?
- ¿Puedo comprobar algo que siento, con usted…?
- Quisiera saber cómo le cae esto que le voy a decir…

La voz de Dios	La voz de Satanás
➤ Acompañada por la paz	➤ Acompañada por el miedo
➤ Sabiduría con mansedumbre	➤ Confusión
➤ Libertad	➤ Presión
➤ Poder para realizar la tarea	➤ Culpa porque la tarea es difícil

Los grandes asesores escuchan a Dios y permiten que el Espíritu les guíe en el proceso del asesoramiento. Ellos actúan según las impresiones que son dadas por Dios para poder ayudar a los líderes a desarrollarse plenamente.

PIDIENDO PERMISO

Un asesor debe pedir permiso a los líderes para confrontarlos a fin de avanzar a un nivel más profundo. Aunque habrá esas interrupciones espontáneas cuando el asesor simplemente sigue adelante, es mejor preguntar antes de entrar en las áreas privadas de la vida de un líder. Una manera de decirlo, por ejemplo, sería: «¿Juana, me permite compartir con usted algo que yo veo en su vida?».

Un líder que yo asesoré compartió un testimonio delante de los líderes que él estaba adiestrando: «Yo estaba listo para tirar la toalla y abandonar, pero el Señor me animó hoy para mantenerme aquí». Aunque él quiso dar la gloria a Dios por ayudarlo a quedarse, yo sentía como que su testimonio daba la impresión de todo lo contrario –su compromiso era tan inconstante que él podría abandonar en cualquier momento. Yo sentía como que necesitaba conversar con él sobre su nivel de compromiso. Y así empecé: «¿Le puedo pedir permiso para compartir algo con usted?». Él inmediatamente abrió la puerta y me dio una entrada en su vida. Yo le compartí mi preocupación y él la recibió cortésmente. Poco después, este mismo líder me pidió permiso para compartir algo que le estaba preocupando, uniendo aun más nuestra relación.

Por pedir permiso antes de plantear un problema o preocupación, usted aumenta el respeto que sus líderes sienten por usted. Y está poniendo el control donde pertenece –en las manos del líder. Pedir permiso es especialmente importante cuando el problema es algo muy íntimo o potencialmente incómodo para el líder. Pedir permiso recuerda a los líderes que ellos también tienen poder en la relación. Demuestra que el asesor conoce los límites de su poder. El asesor no es el jefe del líder.

Pida en lugar de demandar

La palabra «solicitar» es muy poderosa cuando se tiene que desafiar a un líder. Un asesor podría decir: «Yo le solicito que usted hable con Juan acerca de su entrada en la ruta de entrenamiento», o «Yo le pido que se tome un día libre con su familia». Expresando las sugerencias de manera que no suenen como un ultimátum, le proporciona al líder la oportunidad de apropiarse de la idea en lugar de hacerlo únicamente porque el asesor se lo dijo.

DESAFÍE A SU LÍDER PARA QUE CUMPLA SU VISIÓN

Dios le dijo a Abraham que él sería el padre de muchas naciones. Es cierto, Abraham experimentaba sus dudas. Pero finalmente su testimonio como está registrado en la Biblia es que él se mantuvo firme en la visión de Dios:

Él creyó en esperanza contra esperanza, para llegar a ser padre de muchas naciones, conforme a lo que se le había dicho: «Así será tu descendencia». Y su fe no se debilitó al considerar su cuerpo, que estaba ya como muerto (siendo de casi cien años), o la esterilidad de la matriz de Sara. Tampoco dudó, por incredulidad, de la promesa de Dios, sino que se fortaleció por la fe, dando gloria a Dios, plenamente convencido de que era también poderoso para hacer todo lo que había prometido. (Romanos 4:18-21).

La visión cautivó a Abraham, e incluso en su vejez él dio la gloria a Dios, creyendo que Dios cumpliría su Palabra. Al igual que en el caso de Abraham, la visión del líder será probada y estirada. El asesor está allí para ayudar y animar al líder para cumplir la visión de Dios.

Uno de los líderes que estoy adiestrando ha construido una maravillosa visión para la multiplicación —que ha sido probada en numerosas ocasiones—. Él se ha enfrentado a una cantidad de obstáculos y retrocesos —igual que en el caso de Abraham. Yo paso mucho tiempo simplemente amando y escuchando a este líder, pero también me he sentido obligado a decirle: «Bill, ¿se encuentra usted en la ruta para alcanzar sus metas? ¿Qué está haciendo acerca de eso?». Bill tiene una personalidad pasiva y descansada y necesita un desafío fuerte para que siga moviéndose hacia adelante. Más de una vez yo desafío a Bill con fuerza para que cumpla la visión que Dios le dio. Bill espera esto de mí. Él comprende que mi papel como asesor es de desafiarlo para que siga adelante con fuerza en la visión que Dios le encomendó.

Es tan fácil permitir que la visión se desvanezca o que incluso llegue a morir. Usted, asesor, puede guiar a sus líderes a cumplir sus visiones que fueron dadas por Dios. Suavemente ayúdelos para ver el cuadro más grande y que sigan esforzándose hacia delante hacia la línea de llegada.

PULIENDO
SU ASESORAMIENTO

Capítulo 8

INCREMENTO DE LA AUTORIDAD DEL ASESOR

Una de mis historias favoritas en la Biblia es el crecimiento de David en el liderazgo, en contraste con el declive de Saúl. Dios no levantó a David de la noche a la mañana. Dios desarrolló el carácter de David paso a paso, una batalla a la vez.

Una de las primeras pruebas de David fue la de defender sus ovejas de los acosos del león y del oso. Después creció en su liderazgo trabajando con seiscientos hombres, privados de sus derechos, que estaban tan enredados en problemas como David. Pero así como David permaneció fiel a Dios y atravesaba cada nuevo desafío, él finalmente llegó a ser el rey de Israel y uno de los más grandes líderes en la Biblia.

Los asesores también están creciendo una batalla a la vez. Empiezan dirigiendo un grupo celular y cuidando a sus miembros celulares. Ellos aceptan y aprenden de las pruebas y de los desafíos. Cuando los líderes son fieles en las cosas pequeñas, Dios les da responsabilidades mayores, una de los cuales es el asesoramiento de los líderes de otros grupos celulares. La mayoría de los asesores no se sienten capaces. Al igual que David, todos los asesores están realizando un viaje, un proceso que requiere de la fe.

Con cada batalla peleada, cada milla caminada, y con cada lección aprendida, los asesores de los grupos celulares ven incrementada su autoridad como asesores. Al aumentar la autoridad, también aumenta la unción para ministrar, y se incrementa de ese modo la cantidad de personas que son tocadas por la vida de un asesor.

La autoridad posicional

Tengo un primo que es médico y trabaja con una organización del gobierno en Washington DC. Su posición y su ubicación le permiten el acceso a la política de Washington y a las personas asociadas con ella. En cierta oportunidad me mencionó que los senadores tienden a olvidarse que su posición –no sus personas– es lo que les da prestigio, atención y poder. Compartió cómo los diputados pueden llegar a quedar sumamente perturbados después de perder en las elecciones y descubrir de repente que nadie les presta atención. «Ellos se olvidan», me confesaba mi primo, «que su posición, no su persona, era la llave a su éxito.»

Es del todo cierto que la posición otorga una determinada autoridad. Su posición como asesor le dará automáticamente alguna autoridad con los líderes de los grupos celulares. Ellos esperarán en usted de una manera especial simplemente porque usted es su asesor.

ESTRATEGIA

Consejos sobre la autoridad posicional

➤ Utilice su posición para beneficiar a sus líderes.
➤ Use su posición para proteger y patrocinar a sus líderes.
➤ Escuche antes de hablar.

Asesorar, sin embargo, es el papel de un siervo y la mejor manera de aumentar su autoridad posicional es servir a otros en lugar de exigir una posición de poder. Las siguientes tres categorías son mucho más importantes para su éxito.

La autoridad del experto

Un gran asesor conoce el juego. El asesor ha estudiado el juego lo suficiente para ofrecer su consejo de especialista en las situaciones difíciles. Imagínese un asesor de fútbol reunido con su equipo con un minuto antes de salir a jugar, perdiendo por siete puntos y la pelota solo a treinta metros de la meta. Lo más probable es que el asesor hable de su propia experiencia, de sus sentimientos interiores y de la información técnica para conducir a su equipo a un tanto.

La información técnica viene de la investigación. Los grandes asesores estudian lo que otros asesores han hecho y están haciendo. Ellos leen el material. Se hacen aprendices perpetuos del juego.

ESTRATEGIA

Advertencias sobre la autoridad del experto

➤ Cuídese con respecto a dar consejos.

➤ No sea un «sábelotodo», pretendiendo proporcionar todas las respuestas correctas.

➤ No salte a conclusiones; escuche antes de hablar.

➤ Cuídese de contar historias innecesarias, sobre todo si la narración involucra su éxito (una persona jactanciosa aleja a las personas).

La mayoría de los asesores no se consideran expertos. Las noticias buenas son que un asesor puede crecer en el conocimiento y en su especialización. Una gran parte de la visión viene del entrenamiento en el mismo lugar de trabajo. Cada vez que un asesor trata con un líder celular descorazonado o con problemas en el grupo celular, está agregando a su especialización. Dios hará uso de esas lecciones más adelante, de la misma forma en que utilizó la experiencia del león y del oso en la vida del Rey David.

Mi consejo es el siguiente: devore los libros y los artículos sobre el ministerio celular. Navegue por Internet y descubra la excelente información acerca de las células que se encuentra disponible en la red. Hable con otros asesores acerca de lo que ellos mismos han hecho y están haciendo. Haga preguntas. Juan Kotter, profesor en La Escuela de Comercio de Harvard, afirma: «Los aprendices de toda la vida solicitan activamente las opiniones y las ideas de otros. Ellos no presumen saberlo todo o que la mayoría de las demás personas tienen muy poco para contribuir. Todo lo contrario, ellos creen... que pueden aprender de cualquiera, bajo casi cualquier circunstancia».[1]

Al especializarse cada vez más, notará mayor confianza y otros le concederán más autoridad. Otros comenzarán a reconocerlo como uno que conoce las opciones y que puede trabajar a través de las situaciones difíciles.

ESTRATEGIA

Cómo crecer en su autoridad como experto

➤ Lea mucho sobre el ministerio celular.

➤ Practique sus habilidades para el asesoramiento.

➤ Reflexione sobre su propia experiencia, para que pueda identificar las mejores partes.

➤ Coseche conocimientos de otros asesores, incluyendo su propio asesor.

AUTORIDAD ESPIRITUAL

El asesor celular Carl Everett admite que él es tímido. Las personas tienen que sacarle la información y él no es uno que salte de entusiasmo. Empezó en el ministerio de la manera como lo hacen la mayoría de los asesores, dirigiendo un solo grupo celular. Su célula multiplicó seis veces y cada célula hija creció y prosperó. Carl resumió el secreto de su éxito en tres palabras: «Oración, oración y más oración». La autoridad espiritual ha catapultado a Carl Everett hasta los lugares de liderazgo en el Centro de Oración Mundial Betania. Los que están debajo de Carl respondieron cuando se dieron cuenta que Dios estaba trabajando a través de él.

Bobby Clinton, profesor del Seminario Fuller y experto sobre liderazgo, escribe así: «Un líder aprende primero sobre la guía personal para su propia vida. Habiendo aprendido a discernir la dirección de Dios para su propia vida en numerosas decisiones cruciales, puede entonces cambiar a la función de líder determinando la guía para el grupo que él dirige».[2] Y sigue diciendo: «Un líder que repetidamente demuestra que Dios le habla, gana autoridad espiritual».[3]

¡Pruebe esto!

Varias maneras para aumentar su autoridad espiritual

➤ Desarrolle su vida devocional.

➤ Busque al Señor antes de tomar decisiones.

➤ Escuche a Dios y anote lo que Él le ha mostrado.

➤ Escuche a otros; evite hablar demasiado.

La autoridad espiritual viene de su relación con el Dios vivo. Los mejores asesores son aquellos que pasan parte de su tiempo en la presencia de Dios, teniendo así una nueva visión para ofrecer a sus líderes.

Los líderes bajo su cuidado necesitan saber que Dios les habla. Ellos necesitan creer que usted puede recibir Palabra de Dios, lo que a su vez le da credibilidad y autoridad.

Autoridad de relaciones

El conocimiento, la habilidad para asesorar, la resolución de los problemas, la dinámica de grupo y otras técnicas pueden jugar un papel importante en el éxito de un asesor. Pero lo que el nuevo líder de cualquier grupo celular realmente necesita es a alguien que lleve la carga, que lo acompañe en la jornada, que sirva de portavoz *sounding board*.

La autoridad de relaciones es un tipo de autoridad que un asesor puede mejorar continuamente porque está basada en sus relaciones. Un asesor necesita construir relaciones. En Marcos 3:13-19, Jesús llamó a sus discípulos. La Biblia dice que Jesús «… subió al monte y llamó a sí a los que él quiso, y vinieron a él. Designó entonces a doce» (a los cuales llamó apóstoles) «para que estuvieran con él, para enviarlos a predicar y que tuvieran autoridad para sanar enfermedades y para echar fuera demonios…» Jesús les pidió a estas personas que pasaran tiempo con Él y que compartieran su vida. ¡Qué bendición tan asombrosa!

VISIÓN

Karen Hurston que creció en la iglesia de David Yonggi Cho, nos cuenta la historia de dos líderes celulares: uno de ellos era un líder culto y talentoso que no podía multiplicar su grupo celular, y el otro era un líder incapaz y débil cuyo grupo estaba repleto. ¿Cuál era la diferencia entre ambos? El último estaba involucrado en las vidas de los miembros mientras que el primero solamente llegaba para dirigir una buena reunión. Todo tiene que ver con el relacionamiento.[4]

**Varias maneras
para aumentar la autoridad de relaciones**

➤ Ocupe su tiempo con las personas.
➤ Encuentre pasiones e intereses comunes (incluyendo las áreas fuera del ministerio).
➤ Busque de satisfacer sus intereses más que los suyos.
➤ Busque de satisfacer sus necesidades y agendas antes que las suyas.

LA RETROALIMENTACIÓN

Yo me encontraba una tarde en una farmacia muy conocida para recoger una receta. Los empleados de la trastienda estaban jugando, mientras se formaba afuera una larga fila de personas. Los que estaban atendiendo detrás del mostrador parecían incompetentes. Yo busqué un formulario de «Sugerencias» porque quería expresar mi frustración. Me marché insatisfecho porque no había forma alguna de que mi voz fuera escuchada. En otras oportunidades he querido felicitar a un empleado, así que he usado los formularios de la compañía para hacerlo.

Me gusta preguntar a los líderes que estoy adiestrando que evalúen la manera en que lo realizo. Les solicito que rellenen un formulario de evaluación (preste atención al que hemos plasmado en la página 110). Quiero que mis líderes tengan una oportunidad de decirme lo que ellos están pensando, lo que les gusta así como lo que no les gusta.

Preguntando (no forzando) a sus líderes a llenar un formulario de evaluación les da una manera de expresarse, y también le proporciona a usted el conocimiento de las áreas en las que puede mejorar. Jesús dijo: «Y conocerán la verdad, y la verdad les hará libres» (Juan 8:32).

Pida la retroalimentación de otras personas[5]

➤ Hágales saber a todos que usted habla en serio. «Le estoy pidiendo la retroalimentación porque realmente quiero entender cómo me ven las personas. Es de esa forma que yo puedo mejorar.»

➤ Haga preguntas directas y específicas. «¿Qué pensó de mi presentación?» podría resultar en unas impresiones generales, pero, «Dígame cómo me identifiqué y hablé sobre las prioridades del público» obtiene una retroalimentación más precisa.

➤ Siga preguntando: «¿Qué más?», hasta que ellos le digan: «Eso es todo».

➤ No se defienda ni discuta, solamente agradezca a las personas por sus respuestas. Ellos le están haciendo un favor, así que no lo haga difícil o desagradable para ellos.

FORMULARIO DE EVALUACIÓN

Deseo esforzarme para brindar un asesoramiento eficaz. Usted puede ayudarme proporcionando los comentarios y la retroalimentación. Le pido que conteste las preguntas siguientes y me las devuelva. Su retroalimentación será usada para ayudarme a preparar para nuestra próxima reunión.

Fecha _____   Nombre _____

	Excelente	Muy Bueno	Bueno	Regular	Pobre
1. Evalúe su experiencia de asesoramiento en este último mes:	5	4	3	2	1

¿Comentario?

2. Evalúe las sesiones personales (uno-en-uno):	5	4	3	2	1

¿Comentario?

3. Evalúe el tiempo mensual con el grupo:	5	4	3	2	1

¿Comentario?

4. Haga una lista de las habilidades, técnicas, o información más útil que usted aprendió.

5. ¿Qué recomendaría para que mi asesoramiento fuera más eficaz?

¡Dígame más!

Si quisiera compartir cualquier otra información adicional o comentaros, hágalo en la parte posterior de la hoja.

Capítulo 9

DIAGNÓSTICO DE LOS PROBLEMAS

Cuando los paisajistas pusieron nuestro sistema de rociadores y césped de pasto fuerte, no tenía ninguna preocupación en el mundo. El césped lucía hermoso y siguió creciendo muy bien durante varios meses.

Posteriormente vinieron los problemas.

Noté varios parches de césped que no recibían suficiente cantidad de agua, así que solicité al paisajista que volviera a reagrupar los rociadores. Fueron necesarios varios intentos durante un período de meses antes de que los rociadores fueran colocados en el lugar correcto.

Entonces surgió otra especie de pasto. Las hojas largas de ese pasto de un verde brillante se parecían al pasto fuerte normal, solo que eran tres veces más largos. Dado que yo no tenía pista alguna sobre esta especie, les pregunté a mis amigos y a expertos que me ayudaran.

Un obrero de la guardería dijo: «Lo único que realmente funciona con ese pasto es un nuevo producto que nosotros tenemos». Así que pasé horas rociando partes de este producto sobre el pasto afectado y funcionó.

Estaba sintiendo algún alivio por dicho pasto, pero después apareció un hongo rojizo en una zona del césped del tamaño de un metro y medio por dos metros en el patio trasero. Yo no sabía lo que era, así que llamé a una empresa entendida en clases de césped y uno de sus representantes vino y diagnosticó el problema. «Usted necesita regar menos», me dijo. «Déle por lo menos un día completo a su césped para que seque.» Cambié la rutina del riego y el hongo desapareció.

ESTRATEGIA

Fallos en el diagnóstico de los problemas[1]

➤ Saltar a conclusiones: una información limitada o porque el asesor ha sido testigo de un problema similar (pero no idéntico) antes.

➤ Fracaso para definir el problema: el asesor puede ser vago en la definición del problema y hacer sugerencias generales que no logran proporcionar maneras específicas para manejar el problema.

➤ Una acción demasiado fuerte: una urgencia para hacer algo rápidamente, con el resultado de que se realizan demasiadas acciones de manera simultánea.

La comparación del cuidado del césped es trivial comparado con el cuidado de los líderes de las células. Sin embargo, ambos tienen en común que los dos requieren atención, cuidado y un trabajo arduo.

DIAGNOSTIQUE LOS PROBLEMAS

Para ver el problema realmente, un asesor debe interactuar con el líder, su familia y con la célula misma. Un asesor necesita observar al líder en una variedad de circunstancias para conocer de verdad lo que está pasando. En esta sección comentaré brevemente sobre algunos problemas y situaciones comunes que tienen que enfrentar los asesores. No existe la intención de que las secciones siguientes sean exhaustivas.

Los asesores eficaces ven los problemas antes de que los mismos lleguen a ser verdaderos problemas. Ellos están allí para guiar a los líderes celulares a través del proceso curativo, sabiendo que todas las personas han caído alguna que otra vez.

¡Pruebe esto!

Algunas pautas para realizar un diagnóstico de las células[2]

➤ Identifique los problemas
➤ Establezca las Prioridades –según el orden de importancia o urgencia
➤ Explore y verifique las posibles causas.
➤ Explore la solución posible

EL DESALIENTO

Satanás viene con su aljaba cargada para disparar las flechas de desaliento y de duda en los corazones de los líderes celulares. «Usted no tiene éxito», le dice. «Usted nunca multiplicará su grupo celular. Tiene demasiados problemas personales como para poder ocuparse de otras personas. El liderazgo celular es para las personas dotadas y usted no es uno de ellos.» Éstas son algunas de las mentiras comunes que Satanás lanza a los líderes celulares.

Para diagnosticar el desaliento, busque las señales. La mayoría de los líderes lo dirán abiertamente cuando se encuentran desanimados. En caso de que no lo hagan, sondéelos. ¿Refleja el tono de su voz desesperación? ¿El líder está listo para rendirse? Hable con los miembros del grupo celular del líder. Pregúnteles cómo van las cosas. Si el informe es negativo, lo más probable es que el líder esté reprimiendo los problemas.

«Las personas son muy parecidas a las flores. Uno, como la rosa, necesita un fertilizante. Otro, más como un rododendro, no lo necesita. Si no se les da el cuidado a las flores que ellas necesitan, nunca florecerán. El líder debe poder decir cuál es cuál.» –Juan Maxwell[3]

Lo mejor que usted puede hacer por un líder desanimado es escucharlo (capítulo 2) y animarlo (capítulo 3). Examine de nuevo esos capítulos. Después de una doble dosis de escuchar y de animar, hay otras cosas que usted puede hacer:

- Incremente su apoyo de oración por el líder
- Salga con el líder para tomar un café
- Envíe por correo una tarjeta al líder
- Hable con otros líderes bajo usted que podrían animar al líder
- Piense en otras maneras de dar reconocimiento al líder (por ejemplo, por logros en el pasado).

Carencia de nutrientes

Sin los nutrientes necesarios, el césped se torna amarillento y después castaño. Algunos líderes simplemente no tienen las habilidades suficientes para dirigir un grupo celular de modo eficaz, habilidades como, por ejemplo, escuchar, preparar las preguntas, colocar las sillas en la casa, sosegar a la persona que habla demasiado, orar por los otros, etc.

Quizás haya notado que su líder prefiere hablar en vez de escuchar. Hable con él acerca de esto. Cortésmente recomiende que el líder lea más con respecto al desarrollo de los oídos que escuchan. (Vea capítulo 6 en mi libro, *Cómo dirigir un Grupo Celular con éxito*).

Si un líder tiene problemas con la preparación de las preguntas celulares, ofrézcale la posibilidad de leer las preguntas antes de la próxima reunión.

Fertilice las vidas de sus líderes dándoles libros, enviándoles notas por medio del correo electrónico y diciéndoles dónde obtener los recursos que ellos necesitan.

Problemas personales

En el capítulo 4 hablé lo suficiente acerca del cuidado y el hecho que un líder no es un obrero humano sino un ser humano. Los problemas personales podrían abarcar desde el conflicto familiar (con sus padres o cónyuge) hasta las dificultades laborales, de dinero o de salud personal. Porque Dios ha hecho que las personas sean una sola unidad, dichos problemas afectarán el liderazgo celular.

Por esto la amistad es un factor de asesoramiento tan importante. Jesús llamó a sus discípulos para «estar» con Él y en ese proceso de estar con Él «hizo» muchos cosas con ellos.

Un asesor es llamado para pastorear a los líderes celulares. En un sentido muy real, un asesor está haciendo lo que hace un pastor de jornada completa. Un asesor es un líder de líderes.

No hay ninguna solución simple para diagnosticar los problemas personales. Pasar tiempo, observar al líder en varias situaciones y escuchar a Dios en oración sobre las necesidades del líder son las maneras óptimas para identificar los problemas personales.

Preocupación por los problemas espirituales

Un asesor dijo: «El primer malentendido que tuve sobre el asesoramiento era que éste es principalmente sobre el desarrollo de la habilidad del liderazgo. Yo pensaba que todo lo que yo tenía que hacer era pasar a otros todo lo que yo sabía sobre la dirección de un grupo pequeño, cómo facilitar una discusión, cómo desarrollar el tiempo de oración o cómo dar nacimiento a un nuevo grupo. Aunque el desarrollo de la habilidad del liderazgo es parte importante del asesoramiento, no es lo único. Lo que yo aprendí es que el asesoramiento también tiene que ver con el desarrollo personal. Como asesor, simplemente no puedo preocuparme por las habilidades para el liderazgo de una persona. Necesito también asegurarme que la vida personal y espiritual del líder se están desarrollando al tiempo que se desarrollan sus habilidades para el liderazgo. Mientras me enfocaba en el desarrollo de sus habilidades, estaba descuidando su desarrollo espiritual y personal y los líderes estaban empezando a sentirse usados y desvalorizados. He visto que teniendo un plan para desarrollar todas las áreas de la vida del líder me ayudaron a asegurarme que un área no se estaba enfatizando más que otro.» –Eric Wishman[4]

Si el problema es personal, es posible que tenga que proporcionar información sobre algunas «áreas que no tienen que ver con la célula» como por ejemplo:

- Cómo encontrar un trabajo (por ejemplo, proporcionando la información de posibles contactos, señalando a un sitio en la red (Internet), recomendando un libro o un programa de administración financiera).
- Cómo tratar con las finanzas (por ejemplo, mostrándole a su líder lo que usted sabe, recomendando un seminario sobre presupuestos).
- Cómo mejorar su matrimonio (por ejemplo, consejería personal, recomendando a un consejero u otro recurso).

PECADO OCULTO

Es posible que a veces usted note que algo está mal en el líder, pero no puede identificarlo. Hay una cierta torpeza, determinada reticencia a estar cerca. Recuerdo a un líder que dejó de compartir profundamente, manteniendo nuestra relación en un nivel superficial. Esta conducta era extraña para este líder particular. Después descubrí que él estaba teniendo una aventura amorosa y se le pidió que dejara su posición de liderazgo.

Aunque podría ser simplemente un problema personal, no descarte la posibilidad de que el problema se deba a un pecado oculto.

Yo le animo a que usted hable sobre las cosas espirituales durante el tiempo de asesoramiento. Pregunte qué es lo que el Señor Jesús está haciendo en las vidas de sus líderes. Los líderes deben tener la amplia oportunidad de hablar sobre los problemas espirituales. Y recuerde de pasar tiempo en oración con sus líderes.

Pero incluso con estos resguardos, sobre todo si el líder es fuertemente engañado, el pecado podría pasar inadvertido –por un tiempo. Las Escrituras en Números 32:23, sin embargo, siempre resultarán verdaderas: «Pero si así no lo hacéis, entonces habréis pecado ante Jehová, y sabed que vuestro pecado os alcanzará».

Los pecados pasados pueden ser utilizados por el enemigo para atacar a un nuevo líder celular. En lugar de resistir, el líder podría tomar la decisión de ceder al peca-

«Los hombres se desarrollan de la misma forma como se extrae el oro de las minas. Se tienen que quitar varias toneladas de barro para obtener una sola onza de oro. Pero usted no entra en la mina buscando el barro. Usted entra buscando el oro.» –Dale Carnegie[5]

do. Un asesor que se precie, necesita enfocar la situación con el consejo de Pablo en Gálatas 6:1-5:

Hermanos, si alguno es sorprendido en alguna falta, vosotros que sois espirituales, restauradlo con espíritu de mansedumbre, considerándote a ti mismo, no sea que tú también seas tentado. Sobrellevad los unos las cargas de los otros, y cumplid así la ley de Cristo. El que se cree ser algo, no siendo nada, a sí mismo se engaña. Así que, cada uno someta a prueba su propia obra y entonces tendrá, solo en sí mismo y no en otro, motivo de gloriarse, porque cada uno cargará con su propia responsabilidad.

Usted sabe que Satanás quiere que sus líderes celulares entren en un remolino. Si pecar no es suficiente, a Satanás y a su ejército de demonios les gustaría que los líderes celulares se sientan condenados por el pecado, sucios e incapaces de servir. Satanás disfruta cuando los líderes celulares renuncian a todo lo que tenga que ver con las células.

EL ESPÍRITU DE ABSALÓN

Absalón era el hijo errante del Rey David que tuvo éxito conquistando los corazones de Israel hacia él (2 Samuel 15). Algunos pastores rechazan el ministerio celular totalmente porque temen que se podría desarrollar un Absalón.

Un espíritu de Absalón se puede prevenir cuando cada líder está bajo el ojo vigilante de otro asesor. Un bueno asesor capta los síntomas de la rebeldía y los señala antes de que afecten de forma negativa a los demás. En este sentido el asesor cumple el papel de un pastor de ovejas, velando por los que están bajo su cuidado.

Las iglesias basadas en células requieren asesores para todos. Si la se trata de una iglesia pequeña (el 75 % de las iglesias en EE.UU. tienen 70 miembros o menos), el pastor titular asesorará a los líderes celulares. Él se reunirá con los líderes celulares periódicamente para asegurar el control de calidad. El principio importante es que cada líder celular es adiestrado por alguien.

> **El consejo de Pablo a los pastores en Éfeso es útil para todos los asesores:**
>
> «Por tanto, mirad por vosotros y por todo el rebaño en que el Espíritu Santo os ha puesto por obispos para apacentar la iglesia del Señor, la cual él ganó por su propia sangre, puesto que yo sé que después de mi partida entrarán en medio de vosotros lobos rapaces que no perdonarán al rebaño. Y de entre vosotros mismos se levantarán hombres que hablarán cosas perversas para arrastrar tras de sí discípulos. Por tanto, velad, acordándoos de que por tres años, de noche y de día, no he cesado de amonestar con lágrimas a cada uno» (Hechos 20:28-31).

Diagnóstico de los problemas

En agosto del año 2001, mi esposa Celyce y yo atravesamos un período de pruebas muy intenso. Ella estaba sufriendo una variedad de dolores agudos en su cuerpo. Se encogía, por ejemplo, cuando las personas arrastraban los pies y sentía un dolor agudo en todo el cuerpo. Dado que el doctor realmente no sabía qué era lo que le pasaba, ella pidió que realizaran una serie completa de pruebas. Felizmente las pruebas resultaron negativas y los doctores llegaron a la conclusión de que su problema estaba relacionado con el estrés. La receta médica: tenía necesidad de descansar y relajarse. Un diagnóstico objetivo alivió nuestros temores. El diagnóstico es esencial. Los asesores celulares necesitan reunir los hechos y usar todos los posibles métodos para llegar al diagnóstico apropiado.

Los problemas de la dinámica celular

En cualquier estructura celular se desarrollarán problemas celulares comunes (un miembro celular que controla la reunión, un líder celular que es el único que habla en la misma, falta de evangelización, etc). Estos son los problemas normales que los asesores verán mientras rotan entre las células (capítulo 12) u oyen en las reuniones individuales o en grupos (capítulo 11).

La mayoría de estos problemas comunes pueden ser tratados en el proceso del desarrollo del liderazgo (capítulo 5). Mi libro, *Cómo dirigir un Grupo Celular con éxito*, por ejemplo, enseña cómo escuchar (capítulo 6), cómo tratar con el que habla mucho (capítulo 7), cómo evangelizar como un grupo celular (capítulo 8). Cuando el asesor le asigna tareas al líder celular y se reúne con él de forma periódica, estos problemas comunes se resolverán.

Necesidades preocupantes del ministerio de los miembros de Grupos Celulares

Los líderes celulares encontrarán a menudo algunas necesidades del ministerio en un grupo celular, muy sensibles y preocupantes.

Éstos necesitan un asesor con quienes puedan compartir estas necesidades y que oren por ellos. Muchos líderes celulares creen falsamente que por compartir estas inquietudes estarían fallando a los que les han confiado dichos problemas, así que ellos toman toda la presión del problema sobre sus hombros e intentan ministrar solos a los miembros heridos de su célula. Conozco a un miembro celular que compartió con su líder celular sobre sus luchas con una relación homosexual. El líder celular no compartió con su asesor esta gran necesidad y trató de orar por esta persona él solo. Era tal la carga para el líder que le extrajo toda la savia de su energía y le quedaba poca energía para darla al resto del grupo.

El hecho es que muchos miembros celulares tienen necesidades más allá de las capacidades del ministerio de sus líderes celulares. Los miembros celulares pueden necesitar consejería, el ministerio de oración especial por parte de un equipo de oración experimentado o un programa de recuperación. Los líderes de las células no han de hacer todo por sus miembros. Los asesores deben ayudar a los líderes celulares a procesar las necesidades de sus miembros y después hallar las soluciones de Dios para satisfacer esas necesidades.

Encuentre las soluciones

La medicina es para las personas que están enfermas. La medicina preventiva impide que las personas se enfermen, en primer lugar. Los asesores se concentran en usar las técnicas de la medicina preventiva. A continuación hallará algunos lugares a lo cuales puede usted ir para encontrar algunas soluciones:

Su propio asesor –Los mejores sistemas de los grupos pequeños tienen estructuras de un nivel superior de liderazgo. Cada líder tiene un asesor. En una iglesia más pequeña, el pastor titular está en la cima de la estructura del asesoramiento. En las estructuras muy grandes basadas en células, podría haber docenas de pastores. Vaya a su asesor para las soluciones. Él o ella le conocen, su situación, a las personas en su iglesia y de qué modo la estructura de su iglesia maneja los problemas. Toda la estructura del asesoramiento, de hecho, está diseñada para proporcionar el apoyo y los recursos para resolver los problemas celulares.

Una red de asesores –Hable con otros asesores que usted conozca. ¿Han tratado ellos con su problema específico? ¿Cómo lo resolvieron? Quizá ellos puedan mostrarle algún recurso, si es una persona o un material. Recuerde las palabras de Proverbios 11:14: «Donde no hay dirección sabia, el pueblo cae; la seguridad está en los muchos consejeros».

Internet –Está cargada de recursos. La Red de Grupos Pequeños, por ejemplo, es un sitio en la red que está dedicado completamente a los grupos pequeños <www.smallgroups.com>. Otro sitio excelente en la red es www.cellgrouppeople.com. O vea los resultados de una búsqueda con su navegador escribiendo las palabras «grupos de células» o «pequeños grupos».

Libros y artículos –Mi propio sitio web <www.comiskey.org> ofrece una rica variedad de información gratuita sobre los grupos pequeños (incluyendo mi disertación para el doctorado y todos los artículos que he escrito).

La experiencia –Lo más probable es que usted haya dirigido un grupo celular y haya tratado con personas problemáticas y situaciones conflictivas. Extraiga profundamente de sus propias experiencias y soluciones, aunque sea solo un punto de partida. Dios en su soberanía le ha puesto en situaciones específicas y le ha dado determinadas experiencias.

Un asesor es la persona que se coloca en la brecha y ayuda a cuidar a los líderes. Un asesor está allí para asegurar la salud de sus líderes y asegurarse que ellos pueden mantenerse en pie en el largo camino por delante. Un asesor es crucial para todo el proceso.

Crezca mientras avanza

Usted podría sentirse totalmente incompetente como asesor para diagnosticar y resolver los problemas. Las buenas noticias son que mientras usted busca las respuestas y da a sus líderes lo que ha descubierto, usted también crecerá en su propia madurez en Cristo.

Mi investigación inicial con respecto a los principios de las iglesias celulares con un crecimiento rápido me impactaron muy poco hasta que tuve la oportunidad de aplicarlos. Entonces comencé a entender mientras luchaba con su mejor aplicación. Es posible que ya posea valiosos conocimientos celulares, pero en el proceso de aplicar esos conocimientos usted crecerá rápidamente.

CAPÍTULO 10

LAS ETAPAS DEL ASESORAMIENTO

Las etapas del asesoramiento

➤ La etapa del Romance:
La relación de la luna de miel
➤ La etapa de la Realidad:
Desarrollando la confianza
➤ La etapa de la Resistencia:
El conflicto y la noche oscura del alma
➤ La etapa de la Resolución:
Pasando por aguas oscuras y a la luz
➤ La etapa de la Recompensa:
Confianza y bendición

Después de enseñar muchos seminarios celulares alrededor del mundo he descubierto que algunas sesiones tienen más impacto que otras. Durante un seminario un participante hizo el siguiente comentario: «La explicación que acaba de dar acerca del proceso de cambio valió el costo de todo el seminario». Él se estaba refiriendo a mi enseñanza sobre la manera cómo los líderes pasan por una noche oscura del alma mientras desarrollan los grupos celulares. Este participante del seminario expresó su alivio de que esa experiencia es normal mientras las personas aprenden a dirigir los grupos celulares de una manera eficaz. El hecho de saber que hay etapas predecibles que se tienen que atravesar mientras las personas aprenden a trabajar juntas en los grupos celulares trae esperanza.

Mientras un asesor trabaja con sus líderes, él también experimentará algunas etapas que son predecibles. Ninguna relación de asesoramiento se desarrolla para alcanzar niveles perfectos de franqueza y comunicación de un día para otro. La mayoría de los asesores pasan por ciertas etapas predecibles de picos y valles que pueden entenderse como una serie de etapas del propio asesoramiento.[1]

La etapa del Romance

Mi amiga Trish me dijo que a su marido, médico, le ofrecieron una posición prominente en un hospital *chic* en un estado diferente. Él lo rechazó. Al preguntarle por qué motivo quería quedarse en su hospital en Baltimore, respondió: «Yo conozco las "verrugas" de este hospital. Yo no conozco los problemas que tienen allí». Para la mayoría de los esfuerzos en la vida, el césped parece realmente más verde del otro lado. ¿Por qué? Porque las manchas castañas solo se ven de cerca.

En la etapa del romance de una relación de asesoramiento, todo es nuevo, emocionante y verde. Las manchas castañas aún no han aparecido. El líder de la célula recién está empezando en una nueva aventura. ¡Él quiere ganar el mundo y multiplicar su célula en tan solo unas pocas semanas! Piensa que usted es el más grande asesor del mundo, que usted no puede hacer nada malo. Está dispuesto a absorber cada palabra que usted diga. Use este tiempo para volcar en su líder todo lo que pueda y prepárelo para las etapas siguientes.

Consejos en la etapa del Romance:

- Disfrútela todo lo que pueda. No trate de apurar su final.
- Aproveche la disposición de su líder de aceptar la asignación de tareas; enseñe todo lo que pueda.
- Repase su relación de asesoramiento (por ejemplo, con qué frecuencia se van a reunir, evaluaciones, confidencialidad, expectativas). Recuérdele claramente al líder de la realidad y de las etapas de resistencia que vendrán después.
- Ayude al líder a contar el costo. Recuerde que Jesús preparaba a los discípulos constantemente para las tribulaciones que luego vendrían.

ESTRATEGIA

La etapa del Romance

Estrategia: Aclare el propósito, la dirección y las metas. Aproveche este tiempo para enseñar conocimientos y estrategia celular y ayude al líder a contar el costo de las dificultades que vendrán en el futuro.

La etapa de la Realidad

El romance normalmente es seguido por la realidad. Varios miembros del grupo celular no se comprometen y tampoco asisten todas las semanas. El líder invita a cinco personas nuevas y nadie se presenta. El líder no pensó que los resultados serían tan escasos o que el liderazgo de la célula sería tan exigente.

Por supuesto, el diablo hará cualquier cosa para frustrar a un nuevo líder. Pedro dice: «… vuestro adversario el diablo, como león rugiente, anda alrededor buscando a quién devorar. Resistidlo firmes en la fe…» (1 Pedro 5:8, 9a).

En el capítulo anterior, se citaron algunos problemas comunes que se deben buscar. Estos problemas podrían indicar que su líder celular ha entrado en la fase de la realidad.

Consejos para la etapa de la Realidad:

- Ande en la gracia. Ame al líder. Preste un oído para escucharlo. Recuérdele al líder que su reacción es una parte normal del liderazgo celular.
- Haga algo especial con el líder celular que le muestre su amor sin egoísmo.
- Recuérdele suavemente al líder el pacto de compromiso establecido en la primera etapa.
- Siga dándole el entrenamiento para mejorar sus habilidades, perfeccionando esas áreas deficientes. Las nuevas habilidades proporcionan una renovada confianza.

ESTRATEGIA

La etapa de la Realidad

Estrategia: Sea un dador de gracia. Recuérdele al líder que usted ha establecido un pacto. Siga enseñándole al líder, dándole a él o a ella mayor confianza en el liderazgo celular.

La etapa de la Resistencia

Algunos han llamado a esta la etapa de «No estoy seguro si puedo confiar en usted.» El líder está viendo el césped castaño por todas partes y podría querer huir -quizás a otra iglesia, otro programa o a unas vacaciones del ministerio.

Hoy día el compromiso a largo plazo es escaso. «¿Por qué no pasar el "tiempo libre" mirando TV o alguna otra actividad menos exigente?», podría pensar el líder celular. La tentación siempre es de vivir para uno mismo y hacer menos para Jesús, no más. El líder podría sentir un repentino impulso de marchar. De ir a otro lugar. A cualquier parte. Con tal de que sea lejos de usted y de la célula.

Algunos han llamado a este período de tiempo la noche oscura del alma. Esto es donde el asesor necesitará clamar a Dios por la vida del líder celular. Recuerdo cuando dos de mis líderes entraron en esta etapa. Uno salió de mi red de asesoramiento por completo, y el otro se me resistió e incluso estaba realmente muy enojado.

Las buenas noticias son que este tiempo lo traerá a sus rodillas. Usted orará más fervorosamente como nunca antes lo había hecho. Usted entrará en la oración de guerra por su líder y por el grupo bajo su cargo. Manténgase allí. Es viernes, pero el domingo llegará.

Consejos para la etapa de Resistencia:

- Ore fervorosamente.
- Ande en la gracia y en la verdad. Pídale permiso para hablarle a la vida de la persona.
- Busque los momentos cuando esté abierto al asesoramiento. Mientras estaba en la etapa del romance, el líder estaba abierto para recibir la información; ahora el líder está en la batalla y podría estar más dispuesto para aplicar esa información.

ESTRATEGIA

La etapa de la Resistencia

Estrategia: Despliegue simpatía, comprensión y franqueza, mientras habla la verdad en amor.

Normalmente, la fase de la resistencia desembocará apaciblemente en la etapa de la resolución, pero no siempre funciona de esa manera. A veces la relación con el líder no funcionará. «Nadie quiere sentir como que han fallado. Pero el mejor curso de acción –y el más profesional– en algunos casos es de terminar con la relación.»[2]

Quizás sus personalidades son totalmente diferentes o filosóficamente no hay ninguna conexión. En dichos casos, confíe en la soberanía de Dios. No se sienta como un fracaso. Dios está usando la situación para guiarle y dirigirle.

La etapa de la Resolución

Las grandes noticias son que la perseverancia y siguiendo en el mismo curso normalmente acaba en la resolución. El líder celular ha aprendido a confiar en Dios. Él le ha dado más tiempo a Dios y percibe la presencia de Dios en su vida de una manera nueva y emocionante. Está haciendo planes para estar involucrado a largo plazo en el ministerio celular.

La fase de la resistencia ahondará la relación entre usted y el líder. Usted conocerá las características de su líder como nunca podría haberlo descubierto durante la etapa del romance, cuando todo era surreal y agradable. Proverbios 27:17 dice: «El hierro con hierro se afila, y el hombre con el rostro de su amigo».

Usted y su equipo de líderes empezarán a comportarse más como un ejército que ha sido probado en la batalla, en lugar de reclutas recientes que han jugado con juegos de simulacros. Usted ha estado ahora en la batalla y su compañerismo se ha fortalecido por ello

Consejos durante la etapa de la Resolución:

- Aproveche este tiempo para ahondar su relación con el líder confirmando las lecciones aprendidas en las trincheras.
- Prepare al líder durante el tiempo cuando él o ella asesorarán y discipularán a sus nuevos líderes celulares.
- Disfrute la profundización de la amistad de las duras batallas luchadas.

Lo más probable es que usted disfrute esta fase. Sentirá un alivio de las presiones. También sentirá un rayo de esperanza. Y sentirá un resurgimiento emocional. Es tiempo de seguir hacia la etapa del premio.

ESTRATEGIA

Etapa de la Resolución

Estrategia: Prepare al líder para asesorar a otros liberando futuros líderes para ministrar. El asesor le da más responsabilidad al líder, sabiendo que pronto el líder continuará el proceso del asesoramiento.

LA ETAPA DE LA RECOMPENSA

El premio es ver el fruto de su labor. La ganancia llega después del dolor. Pero llega. El líder celular ha pasado a través de la noche oscura del alma. Ha capeado los temporales y tiene un líder de multiplicación que ha multiplicado con éxito. Usted es ahora un asesor con un nieto y hay una dulce paz en su alma.

Adiestrando a su propio líder hasta dar nacimiento con éxito a un nuevo grupo celular es una de las más grandes alegrías en la tierra. Usted se sentirá como que verdaderamente está participando en la gran comisión dada por Jesucristo de ir y de hacer discípulos (Mateo 28:18-20).[3]

Sin embargo el mayor premio de todos es el de traer la gloria y honra a Jesucristo y de ver a su iglesia fortalecida porque ha adiestrado fielmente a los que están adiestrando a otros. En un sentido muy real, usted recibirá el mismo premio del pastor (de ovejas) al que se refiere Pedro: «Apacentad la grey de Dios que está entre vosotros, cuidando de ella, no por fuerza, sino voluntariamente; … sino siendo ejemplos de la grey… Y cuando aparezca el Príncipe de los pastores, vosotros recibiréis la corona incorruptible de gloria» (1 Pedro 5:2-4).

ESTRATEGIA

La etapa de la Recompensa

Estrategia: Haga los preparativos finales para que el nuevo líder guíe el grupo celular hija. El líder anterior debe permitirle al nuevo líder guiar todo el grupo celular en preparación para dirigir un nuevo grupo.

CAPÍTULO 11

LAS REUNIONES DE ASESORAMIENTO

Algunos han comparado el asesoramiento a la conducción de una orquesta –en ocasioes el asesor trabaja con una sola persona, en otras oportunidades él los dirige como un grupo y otras veces anima a los líderes a trabajar independientemente. Hay diferentes formas de asesorar, pero la mezcla del asesoramiento personal a una sola persona, por un lado, y a un grupo por el otro, es la mejor combinación. Con la práctica de los hábitos de Recibir, Escuchar, Alentar, Cuidar, Desarrollar, Enseñar estrategias y Desafiar, los asesores tendrán las herramientas apropiadas para usar en sus relaciones con sus líderes si se reúnen con ellos individualmente, en grupos o por teléfono.

El papel del asesor[1]

➣ En las reuniones individuales: Cuidar y Desarrollar
➣ En los grupos: Dirigir y ser Modelo
➣ Cuando está visitando los grupos: Afirmar y Observar

El principio básico para la relación del asesor con sus líderes es el contacto constante. Estoy de acuerdo de todo corazón con el comentario de Steve Web:

Hay una cosa de suma importancia que un asesor puede hacer, y es la de mantener un contacto constante con los líderes de su grupo, ya sea por teléfono o personalmente. Si un asesor nuevo nunca establece una buena línea de comunicación, sería mejor que él no existiera. Incluso algo tan simple como una llamada telefónica de cinco minutos puede ser muy eficaz para mantener la relación entre el asesor y el líder si la conversación incluye la oración.[2]

Asesoramiento individual

El asesoramiento con una sola persona es flexible y personal. Bob Biehl dice: «Ser un mentor, o sea, el discipulado, típicamente no sucede sobre la base de una persona con un grupo. Es un ministerio de uno a uno y los participantes necesitan entender eso y que se sientan cómodos con eso. El 99 % del discipulado sucede en forma individual (de uno-a-uno)».[3]

¿Con qué frecuencia debe reunirse con su líder? Pienso que es sabio reunirse de forma individual al menos una vez por mes, e intentar quedar en contacto todas las semanas mendiante conversación telefónica, encontrándose en la iglesia u otro evento.

Los siete hábitos de un exitoso asesor de grupo celular funcionan muy bien en el asesoramiento en un grupo, pero funcionan aun mejor en un vínculo individual. El asesor comenzará preguntando por la familia, el trabajo y la vida espiritual del líder. Debe escuchar, animar y demostrar amor –ocupando casi la mitad del tiempo.

Pasa luego al desarrollo y la estrategia. Debido a la flexibilidad del asesoramiento en la forma personal, él puede apuntar a las necesidades del líder. Un líder necesita ayuda con la evangelización; otro necesita saber cómo realizar preguntas eficaces. En un grupo resulta imposible cubrir las necesidades específicas de cada uno.

Cuando surge la necesidad, un asesor puede hablar la verdad en amor con su líder, pensando en el desarrollo del líder a largo plazo. Tratar los problemas personales delante de un grupo destruye la confianza e impide que los líderes planteen sus preocupaciones o preguntas.

«Las personas no se pueden desarrollar a la distancia o con pequeños chorros esporádicos de una atención poco frecuente. Necesitan que usted pase tiempo con ellos –tiempo planificado, no solo unas palabras en camino a una reunión.» –Juan Maxwell[4]

Un asesor ora entonces con el líder sobre las necesidades que surgen durante ese tiempo que estuvieron juntos.

ESTRATEGIA

Cómo permanecer en contacto con su líder

➤ Cuando usted ve al líder en los cultos del fin de semana o en una reunión social, tome tiempo para charlar
➤ Periódicamente invite al líder para comer con usted
➤ Reúnase para desayunar antes del trabajo
➤ Viajen a un evento juntos
➤ Visiten una reunión de grupo juntos
➤ Asistan a un evento de entrenamiento juntos

REUNIONES DE GRUPOS

El tiempo de la reunión personal con el líder debe ser compensado con las reuniones en el grupo. Los líderes celulares se alimentan también de las experiencias de otros líderes celulares y se ministran unos a otros, de la misma manera en que los miembros celulares ministran las necesidades de los otros miembros.

Los siete hábitos también deben aplicarse al desarrollo en el marco de la reunión del grupo. A continuación se encontrará una muestra de una reunión que facilita la práctica de estos hábitos:

Compañerismo tomando unos refrescos. Si la reunión informal es en una casa, los refrescos son excelentes para conseguir que las personas hablen mientras esperan aa que todos puedan llegar. Déles una actualización de la información a sus líderes en este momento (por ejemplo, la próxima reunión, las actividades planificadas, las peticiones de oración de un líder que no pudo llegar). El contacto con sus líderes individualmente le permitirá mantener al corriente la información.

Reciba de Dios. La oración y la adoración deben ser el comienzo de la reunión. Si es posible, adoren al Señor Jesús juntos como un grupo a través de las canciones.

133

Escuche, anime y muestre su aprecio. Escuchar en una reunión informal de un grupo normalmente se traduce como escuchar las peticiones de oración del líder, las dificultades en la célula o áreas de luchas personales. Tome tiempo para orar por esas peticiones. De vez en cuando es posible que usted quiera dar una vuelta y orar por cada líder, pidiendo a los otros líderes que se unan en la oración.

Desarrolle y entrene. Esto funciona mejor en la reunión del grupo cuando cada líder ha hecho la tarea de antemano y todos estén «en la misma página». Por ejemplo, si usted ha pedido a cada líder que lea un capítulo de un libro, haga preguntas estimulantes para avivar las memorias y agregar cualquier otra información adicional. Los líderes quieren volver a sus casas sintiendo que han aprendido algo. Aunque su papel es principalmente el de un facilitador durante el tiempo de desarrollo, aproveche las oportunidades para enseñar a sus líderes nuevas habilidades y conocimientos. Mi experiencia ha sido que los líderes tienen un deseo mucho más fuerte de aprender y crecer en su ministerio celular en el ambiente de un grupo.

Desarrolle estrategias y desafíe. Cierre la reunión con un desafío visionario para que sigan adelante en la multiplicación del grupo celular para alcanzar a un mundo perdido para el Señor Jesús. Esto es muy parecido al tiempo cuando se comparte la visión en un grupo celular. Desafíe a sus líderes a que avancen para recoger una cosecha mayor.

Posibles puntos para tratar en la Agenda de un Grupo[6]

➤ Enseñe sobre algunos problemas específicos que sufren los líderes
➤ Comparta la visión, recuerde a los líderes la misión de los grupos pequeños
➤ Pregunte cómo está marchando cada líder
➤ Enseñe y repase las habilidades del liderazgo
➤ Oren unos por otros
➤ Desafíe a los líderes a crecer espiritualmente
➤ Intercambien ideas e información
➤ Celebren lo que Dios está haciendo

Recuerde que debe ser flexible con la agenda. Permita que el Espíritu Santo le guíe durante cada reunión del grupo. «Se requiere de planificación y visión para hacer que valga la pena asistir para una experiencia de una reunión informal del grupo. Las grandes reuniones informales requieren de creatividad, una comunicación cautivadora y una aptitud mejor que el promedio para la nutrición y el estímulo espiritual.»[5]

¿DÓNDE SE DEBEN REUNIR?

Los grupos informales pueden reunirse en cualquier parte. Si todos los líderes que está adiestrando vinieran de su grupo celular, usted podría pedirles que vinieran una hora antes de empezar su grupo celular (y algunos podrían querer quedarse a la reunión de la célula para quedar en contacto con los miembros anteriores).

Otra oportunidad muy buena para tener una reunión informal es antes o después de un culto ya establecido de la iglesia. Como los líderes ya están allí el domingo de mañana (o en la noche), es fácil tener su reunión antes o después del culto. Una iglesia basada en células cerca de Sydney, Australia, les solicita a los equipos de asesoramiento que se reúnan antes del culto vespertino del domingo. Dado que los equipos de asesoramiento son grupos cerrados de líderes, no es tan necesario que ellos se reúnan fuera del edificio de la iglesia, de la manera como se reúnen los grupos celulares.

Otra idea brillante es la de reunir varios grupos juntos bajo la estrategia de un «súper-grupo». Bill Donahue lo describe así:

Hemos aprendido a aumentar la asistencia del grupo informal y la eficacia por la creación de los «súper-grupos.» Más que poner toda la carga de una gran reunión informal en

Ejemplos de reuniones de grupos en las Escrituras

➤ Hechos 6 –Un equipo de líderes fue formado para atender a las personas.
➤ Hechos 15 –Los líderes se reúnen en el concilio de Jerusalén para tomar decisiones estratégicas.
➤ Marcos 3:7 –Jesús retiró para estar solo con sus discípulos.

los hombros del asesor, un miembro del personal organiza una reunión trimestral de varios grupos de asesoramiento en un salón. Aquí podemos aliviar a los asesores de las responsabilidades del ministerio de planificación y asesoramiento. El resultado es una comunidad mayor, más energía y mayores recursos e interacciones. El ritmo de los grupos regulares y los súper-grupos trimestrales a lo largo del período del ministerio parece servir al líder del grupo pequeño bastante bien.[7]

¿CON QUÉ FRECUENCIA DEBE REUNIRSE EL GRUPO?

Yo recomiendo al menos una vez por mes, pero muchas iglesias ven que las reuniones informales quincenales son más eficaces. La publicación mensual, los trabajos conjuntos, con tal de que el asesor se encuentre uno-en-uno con cada líder por lo menos una vez por mes, y estancias en el contacto regular por el teléfono.

La razón principal para la regularidad es el mando de calidad. Distanciar las reuniones demasiado podría producir una pérdida de influencia asesora y de impacto ministerial.[8]

¡Pruebe esto!

Una muestra mínima de un Plan para el asesoramiento[9]

➤ Diariamente
¡Ore! Por los líderes bajo su cuidado (por ejemplo, ore por tres líderes a las 3 de la tarde durante tres minutos).

➤ Semanal
¡Toque la base! con sus líderes (p.ej., consultas telefónicas, oración por teléfono, escriba un correo electrónico, estimule, charle en la iglesia).

➤ Mensual
¡Encuentre y Capacite! a sus líderes individualmente o en un grupo (p.ej., desayune, almuerce o cene (incluya a sus cónyuges), tiempo de oración, reunión de planificación con los aprendices, entrenamiento sobre algún aspecto del liderazgo de los grupos).

➤ Trimestral
¡Visite! las reuniones de cada líder y evalúe.

➤ Bi-anual
¡Celebre! (p.ej., prepare una fiesta en respuesta a lo que Dios ha hecho: conversiones, crecimiento, surgimiento de los nuevos líderes, actos de servicio, asimilación de otras personas, las personas que utilizan sus dones, nacimiento de nuevos grupos).

Capítulo 12

LA VISITA
A LOS GRUPOS CELULARES

«Papá, me hubiera gustado que pudieras haber estado allí. ¡Realmente, es tan difícil de describirlo!». Cada una de mis tres hijas pinta cuadros increíbles con sus palabras sobre todo aquello que ellas hacen, pero últimamente quieren que yo experimente sus actividades con ellas. Quieren que yo asista a una clase de baile, a un recital de piano o a un evento deportivo. Ellas saben que las palabras son únicamente un débil susurro de la realidad.

Un asesor puede entender algunas cosas sobre sus líderes en sus reuniones personales con ellos o en un grupo. Pero el asesor también necesita ver a sus líderes en acción para entender el cuadro más grande. David Owen dice: «Un cuadro vale por mil palabras y he comprobado que por sentarme en una sesión de un grupo puedo aprender más sobre las dinámicas y la salud del grupo y el estilo del líder que una docena de descripciones verbales. Estoy entonces en una posición mucho mejor para saber cómo ayudar a ese líder cuando nos reunimos».[1]

Medicina preventiva

Los líderes celulares tienden a desviarse cayendo en hábitos malos. Un asesor puede haber enseñado a un líder cómo escuchar, solo para descubrir a un predicador en ciernes durante la visita a la célula. Un líder celular puede haber recibido entrenamiento sobre la manera cómo mantener al grupo sin irse por las ramas, pero una visita revela que la reunión tiende a desviarse en otras consideraciones sin relación alguna con el tema. Muchos detalles del ministerio celular solo saltarán a la superficie cuando un asesor realmente visita los grupos celulares –comienzo y finalización en el tiempo acordado, arreglo de las sillas, trato con los niños en la célula, etc. Lo que un asesor fácilmente entiende y practica podría parecer absolutamente extraño al líder celular.

Rotación periódica

Mi recomendación es que tenga como meta visitar todas las células bajo su cuidado una vez por trimestre, es decir, cuatro veces al año. Si usted está adiestrando a tres líderes, visitará una célula diferente cada mes. Visitando una vez por trimestre también le permite dirigir su propio grupo celular, sintiéndose descansado para emprender el ministerio celular. Cuando necesite visitar la célula de su líder, pida a uno de los miembros de su célula que dirija la célula durante esa noche (¡ésta es una buena manera de preparar a los nuevos líderes!). Usted probablemente querrá visitar una célula más a menudo cuando acaba de empezar a asegurar su supervivencia y su crecimiento.

Previo a su visita

Diga de antemano a sus líderes que usted los estará visitando –esto les dará tiempo para calmar sus temores.[2] Cuando hable con el líder, trate de reunir tantos detalles sobre la célula como le sea posible (por ejemplo, tiempo y lugar de la reunión, cuántos asisten).

Si usted siente que el líder celular es incompetente en algún aspecto particular de la reunión celular (por ejemplo, la adoración o la lección), pídale permiso de antemano para hacer una demostración de esa parte de la reunión durante su visita. En general, sin embargo, usted simplemente participará en la célula como cualquier otro miembro.

Asegúrese de orar por el líder celular antes de ir. Pida al Espíritu Santo que bendiga al grupo y al líder y que le dé sabiduría mientras busca las formas de poder mejorar la reunión celular misma.

Llegue antes que los demás al grupo celular para conversar con el líder unos momentos antes de la reunión, orando con él o con ella.

Durante la reunión celular

Su objetivo principal durante la reunión es el de animar. Afirme y apoye al líder celular delante de los miembros de su grupo. Bill Donahue dice:

Los asesores que visitan los grupos pequeños de sus líderes a veces se sienten como los asistentes no invitados de la boda. Todos se preguntan: «¿Quién es usted y por qué está aquí? ¿Lo conocemos?». El estímulo es el mejor antídoto para la incomodidad de los miembros de los grupos pequeños. Los asesores visitan los grupos para observar y evaluar, pero estas visitas son más poderosas cuando el asesor entra como un maniático del estímulo. Saludar cálidamente a los miembros cuando llegan a la reunión, animar al grupo, afirmar al líder delante del grupo y orar con el líder antes y después de la reunión aumentará el nivel de tranquilidad.[3]

Mientras está en la célula, trate de integrase tanto como sea posible. Si no participa, la mayoría del grupo lo verá como uno que viene de afuera para tomar notas. He descubierto que cuando comparto de forma transparente, las personas se sienten más relajadas. La transparencia es una parte muy importante de la reunión celular y usted puede demostrar a otros cómo hacer esto compartiendo personalmente.

Las reglas para la visitación

«Cuando los asesores realizan dichas visitas, les animamos a organizar sus observaciones mentales según el acróstico LEAD (en inglés, *"Lead, Environment, Apprentice, Dynamic"*, es decir, "Dirección, Medio, Aprendiz, Dinámica"). Primero, el asesor afirma y observa al líder. En segundo lugar, el asesor evalúa mentalmente si el ambiente es conducente a un cambio de vida. En tercer lugar, el asesor se asegura que cada líder tiene un aprendiz. En cuarto lugar, el asesor toma conocimiento de su dinámicas de grupo.»[4]

Por participación, no quiero decir predominio. ¡Asegúrese de no tomar el liderazgo de la célula! Si nota que los miembros del grupo dependen de usted para la respuesta, haga la prueba de mirar el dedo del pie derecho en silencio hasta que otro participe.

Evite escribir sus comentarios mientras dure la reunión, aunque usted debe estar vigilando por las cosas en las cuales instruir al líder celular más adelante. Evalúe las cuatro partes de la reunión celular:

- *Bienvenida:* ¿Era apropiado el rompehielos? ¿Consiguió el propósito de alivio en las personas nuevas? O, por la ausencia de las mismas, ¿sirvió para unir a los miembros de la célula?

- *Adoración:* ¿Proporcionó el líder de la adoración la mejor oportunidad para que las personas adoren (cancioneros, arreglo de los muebles, etc.)? ¿Ayudó el líder en la concentración y en la conducción?

- *Palabra:* ¿Usó el líder celular una lección apropiada a la visión de la iglesia? ¿Entendió el líder celular el significado del pasaje que se trató? ¿Facilitó el líder celular la discusión para que todos estuvieran involucrados?

- *Obras:* ¿Compartió el líder la visión del grupo celular para alcanzar a los que no son creyentes?

ESTRATEGIA

Observaciones durante una visita al grupo

➤ ¿Conducía todo el entorno a una buena reunión?
➤ ¿La reunión empezó y terminó a su hora?
➤ ¿Se mantuvo el líder en el tema?
➤ ¿Mantuvo el líder el control, pero sin ser predominante?
➤ ¿Fueron eficaces las preguntas?
➤ ¿Escuchaba el líder las contestaciones?
➤ ¿Se relacionaron bien los miembros del grupo entre ellos?
➤ ¿Qué fue lo que produjo un cambio de vida?
➤ ¿Cuál es la relación entre el líder y los miembros del grupo?
➤ ¿Es la multiplicación una parte de la estrategia del grupo?
➤ ¿Fue la oración importante?
➤ ¿Cómo estaba trabajando Dios en la reunión?

DESPUÉS DE LA REUNIÓN

Revise sus observaciones con el líder, ya sea inmediatamente después de la célula o concertando una cita para conversar con el líder en un futuro cercano. Trate de darle una proporción de cinco comentarios alentadores sinceros por cada sugerencia para mejorar.

ENCUENTRE SU PROPIA ARMADURA

Casi todos, incluyendo a los que no son cristianos, saben la historia de la lucha de David con Goliat. David estaba dispuesto a probar la grandeza de Dios a pesar de su propia debilidad. El Rey Saúl trató de preparar al Rey David para la batalla prestándole a David su armadura personal. Esta era una decisión lógica. El problema era que la armadura de Saúl le servía a Saúl, pero no a David. «No puedo andar con esto», dijo a Saúl, «pues nunca lo practiqué. Entonces David se quitó aquellas cosas. Luego tomó en la mano su cayado y escogió cinco piedras lisas del arroyo, las puso en el saco pastoril, en el zurrón que traía, y con su honda en la mano se acercó al filisteo» (1 Samuel 17:39-40).

David estaba acostumbrado a una piedra y a una honda, aunque humanamente hablando él habría pasado mejor con la armadura de Saúl.

En este libro yo he evitado a propósito de ponerle a usted una armadura, enfocando en cambio en los principios que puede tomar con creatividad y que puede aplicar en una amplia variedad de circunstancias.

Al igual que David, vaya confiadamente en la dirección en la que Dios lo ha llamado. Desarrolle a los líderes que eclipsarán sus propios dones y habilidades para el liderazgo. Reciba de Dios y sirva a sus líderes con la meta de que ellos continuarán el proceso con otros hombres y mujeres fieles.

Notas

Reconocimientos
[1] Jay Firebaugh, el pastor titular de la Iglesia de Clearpoint en Pasadena, Texas, ha dado muchos seminarios sobre el asesoramiento de líderes celulares. Él tiene una serie de grabaciones de audio y un cuaderno de trabajo que se llama «La Clave Es el Asesor» (Houston, TX: TOUCH Publicaciones, 1999).

[2] Steven L. Ogne y Thomas P. Nebel, Capacitando a los Líderes a Través del Asesoramiento (Carol Stream, IL: Recursos de ChurchSmart, 1995), cassette de audio.

Introducción
[1] Juan Ayot, Diccionario de los Orígenes de las Palabras (Dictionary of Word Origins) (Nueva York: Arcade Publications, 1990), s.v. «asesor.»

[2] Len Woods, «El Asesoramiento Exitoso», Red de los Grupos Pequeños, <http://smallgroups.com/secure/dynamics/022002 news/feature5.html>, (18 de enero de 2003).

[3] David Owen, «El Asesoramiento Exitoso», (Lo mejor de SmallGroups.Com 1995-2002).

[4] Yoido, Iglesia del Pleno Evangelio en Seoul, Corea (Pastor titular David Yonggi Cho) tiene 25.000 grupos celulares y aproximadamente 250.000 personas que asisten a los cultos de adoración. La iglesia Elim en San Salvador, El Salvador, la tercera iglesia más grande en el mundo (Pastor titular Mario Vega), tiene 11.000 grupos celulares, 115.000 personas que asisten a los grupos celulares, y 35.000 que asisten a los cultos de adoración de los domingos. El Pastor Vega señala a su sistema de supervisión como fundamental para el éxito del grupo celular.

[5] Jim Egli, 16 de diciembre de 2002, correo electrónico personal.

[6] David B. Peterson y Mary Dee Hicks, «El Líder como el Asesor: Las estrategias para Asesorar y Desarrollar a Otros» (Minneapolis, MN: Personnel Decisions International, 1996), 14.

[7] «Los Grupos de Doce» (Editorial CLIE, España); «De 12 a 3» (Editorial CLIE, 2003).

8 Laura Whitworth, Henry Kimsey-House, y Phil Sandahl, «Asesoramiento Co-activo» (Palo Alto, CA: Davies-Blake Publishing, 1998), 5. Más que cualquier otra cosa, el asesor proporciona las herramientas continuadas para hacer que las personas que él está adiestrando sean más eficaces.

9 Si usted está adiestrando a un líder celular que multiplicó fuera de su célula, yo le animaría especialmente que usted siga dirigiendo su grupo. El líder bajo su cuidado respetará su consejo de una manera nueva, sabiendo que viene de alguien que está «viviendo la vida.»

10 Ogne y Nebel.

11 Bob Logan y asociados han desarrollado un nueva orden de asesoramiento de cinco frases: Relacionamiento –construyendo la relación del asesoramiento; Reflexión –analizando la situación; Reenfoque –visualizando y planificando; Recurso –proporcionando los recursos que se necesitan; Revisión –evaluación de la ejecución de un plan.

12 Steven Covey, «Los Siete Hábitos de las Personas Muy Eficaces» (Nueva York: Simón y Schuster, 1989), 46.

Capítulo 1

1 A. W. Tozer, La Búsqueda de Dios (Harrisburg, PA: Publicaciones Cristianas, Inc., 1998), 11.

2 Henry T. Blackaby y Claude V. King, Experimentando a Dios (Nashville: Broadman & Holman, 1994), 2.

3 Reggie McNeal, Un Trabajo del Corazón: Entendiendo Cómo Dios Forma a los Líderes Espirituales (San Francisco: Jossey-Bass Publicaciones, 2000), 75.

4 Según se cita en el Manual del Asesor de Willow Creek (Barrington Sur, IL: Willow Creek, 1995), 18.

5 Frank C. Laubach, Los Cauces del Poder Espiritual (Los Angeles: Fleming H. Revell, 1954), 95.

6 Citado en Pablo Lee Tan, Enciclopedia de 7.700 Ilustraciones (Rockville, MD: La Seguridad, 1979), 1045.

7 Daljit Gill (Waverly Christian Centre en Melbourne, Australia) es uno de los más exitosos líderes celulares y asesores celulares que yo conozco.

[8] Godfrey Kahangi, 11 de diciembre de 2002, correo electrónico personal. Godfrey fue desde líder celular a asesor celular a pastor celular en la Iglesia Pentecostal de Kampala, en Kampala, Uganda. El Pastor titular es Gary Skinner.

Capítulo 2

[1] Vea Steven Covey, «Los Siete Hábitos de Personas Muy Eficaces», Capítulo 5; vea también Joel Comiskey, «Cómo Dirigir un Grupo Celular Exitoso (Editorial Clie, España), capítulo 6.

[2] Whitworth, et. el al., 99.

[3] Leí por primera vez sobre los tres niveles de escuchar en Whitworth, et. al.

[4] Robert E. Fisher, Rápido para Escuchar, Lento para Hablar: Viviendo el Idioma del Amor en Sus Relaciones Familiares (Wheaton, IL,: Tyndale House Publicadores, Inc., 1987), 29.

[5] Adaptado de Ogne y Nebel.

[6] Guardo un registro actualizado de cada uno de mis líderes para estar al día y orar más eficazmente por ellos. Yo oro sobre las debilidades de cada líder y señalo fortalezas en medio de la debilidad.

[7] Peterson e Hicks, 43.

[8] Ogne y Nebel.

Capítulo 2

[1] Juan Maxwell, citado en el «Manual del Asesor de Willow Creek», 36.

[2] Stephen H. Cordle, «El Desarrollo de Asesores de los Líderes de los Grupos en los Hogares en la Iglesia Metodista Unida de Crossroads» (Dayton, OH, Ph.D. diss., Seminario Teológico Unido, 1999), 104.

[3] Peterson e Hicks, 101.

[4] Ogne y Nebel.

[5] Kent y Barbara Hughes, Liberando el Ministerio del Síndrome del Éxito (Wheaton, IL: Tyndale House Publicadores, 1998), 143.

[6] Ibíd., 143.

[7] Daljit Gill, 29 de diciembre de 2002, correo electrónico personal.

8 Edward Stewart, «Los Modelos Culturales Norteamericanos: Una Perspectiva Trans-cultural» (Chicago: Intercultural Press, Inc., 1972), 39.

9 Robert N. Bellah, et. al., «Los Hábitos del Corazón» (Berkley, CA: La universidad de California Apriete, 1996), 117.

10 Hughes, 149.

11 Bill Thrall, et. al., «El Ascenso de un Líder: Cómo las Relaciones Ordinarias Desarrollan un Carácter e Influencia Extraordinarios» (San Francisco: Publicadores del Jossey-bajo, 1999), 79.

12 James M. Kouzes y Barry Z. Posner, «El Desafío del Liderazgo» (San Francisco: El Jossey-bajo, 1996), 69.

13 Juan Maxwell, «Las 21 Cualidades Indispensables de un Líder» (Nashville: Thomas Nelson Publicadores, 1999), 106-107.

14 Dale Carnegie, «Cómo Ganar Amigos e Influenciar a las Personas» (Nueva York: Simón & Schuster, 1936), 54.

Capítulo 4

1 Juan Maxwell, «El Desarrollo de los Líderes Alrededor de Usted» (Atlanta, GA,: Thomas Nelson Publicadores, 1995), 184.

2 Bill Donahue, «Construcción de una Iglesia de Grupos Pequeños» (Grand Rapids, MI: Zondervan Publicaciones, 2001), 146.

3 Whitworth, et. al. 8.

4 Peterson e Hicks, 47.

5 Shirley Peddy, «El Arte del Discipulado: Dirija, Siga y Salga del Camino» (Houston, TX: Bullion Books, 1998), 46.

6 Diccionario Encarta inglés, s.v. (gratuito).

7 Según publicación de mayo 1991 Mujer Ejecutiva, citado en Maxwell, «Las 21 Calidades Indispensables de un Líder», 106.

Capítulo 5

1 Citado en «Tigre: Cómo lo Mejor Mejoró Aun Más», Revista Time, 14 de agosto 2000.

2 Citado en Peterson e Hicks, 14

3 Eric Wishman, «Confesiones de un Asesor», Red de los Grupos Pequeños, <http://smallgroups.com/secure/dynamics/022002news/feature6.html>.

4 Owen.

[5] Citado en Firebaugh, 21.

[6] Peterson e Hicks, 55.

[7] Marjorie J. Thompson, «La Fiesta del Alma» (Louisville, KY: Westminster la Juan Knox Press, 1995), 10.

[8] Citado en «Respuestas al Dilema de Darryl», Red de los Grupos Pequeños, <http://smallgroups.com/dynamics/022002news/darresp.html> (29 de enero de 2003).

[9] Werner Kniesel, la conversación personal, mayo de 2002.

[10] Dave Earley, «Ocho Hábitos de los Lideres de los Grupos Celulares Eficaces (Houston, TX: TOUCH Publicaciones, 2001).

[11] Peterson e Hicks, 105.

[12] Citado en Peterson e Hicks, 122.

[13] Peterson e Hicks, 122.

[14] Donahue, «La Construcción de una Iglesia de Grupos Pequeños», 146.

[15] Personalmente prefiero el correo electrónico a la mensajería instantánea. Puedo pensar lo que dice un correo electrónico, guardarlo en mi casillero de entrada de mensajes para una referencia futura y contestar en mi propio tiempo.

[16] Peterson e Hicks, 81.

[17] Maxwell, «Las 21 Leyes Irrefutables del Liderazgo: Sígalas y las Personas Le Seguirán a Usted» (Nashville: Thomas Nelson Publishers, 1998), 133.

Capítulo 6

[1] «Recuerde a los Titanes», Prod. Jerry Bruckheimer, dir. Boaz Yakin, 1 hr. 53 min., 2000, videocassette o DVD.

[2] Eric B. Johnson, «Creación de una Estrategia de Asesoramiento Dinámico, Red de los Grupos Pequeños, <http://smallgroups.com/secure/dynamics/022002news/feature2.html>, (18 de enero de 2003).

[3] Usted podría estar leyendo este libro incluso para descubrir cómo asesorar a los líderes que están bajo usted y que también están adiestrando a otros (a los que tienen líderes celulares de la multiplicación bajo su cuidado). Si está en esa situación, le animo que aconseje a los asesores bajo su cuidado en los principios resaltados aquí, que les ayudará a asesorar más eficazmente a sus propios líderes celulares.

[4] Gwynn Lewis, «Bombas de Tiempo que Matan una Célula», Revista CellChurch, Verano 1995, 10.

[5] Christian Schwarz, «El Desarrollo Natural de la Iglesia» (Carol Stream, IL: Recursos ChurchSmart, 1996), 32.

[6] Ibíd., 68.

[7] David Limero, «Levantando las TAPAS: Un Modelo Para el Desarrollo de Aprendices de Líderes» (*Lifting the LIDS: A Model for Developing Apprentice Leders*), Red de los Grupos Pequeños, (enero de 1997).

[8] Jay Firebaugh realiza prácticas de multiplicación en muchas ocasiones. Él ofrece la siguiente visión adicional:

«No espere que los miembros en su célula QUIERAN el nacimiento. ¡De hecho, si ellos quisieran alejarse unos de otros, usted tendría un problema! Lo más probable es que estas personas hayan llegado a valorarse y amarse entre sí. Ellos han anhelado la comunidad en sus vidas y ahora un nacimiento puede parecer como una amenaza de perderlo. ¡SEA SIMPÁTICO! Sin embargo, usted tiene que saber que la más grande amenaza a la comunidad es llegar a ser demasiado grande y/o un crecimiento hacia adentro.

Es indispensable que el pastor (de ovejas) y el aprendiz crean claramente y presenten el hecho que el nacimiento es lo mejor para la célula. Si una célula no se multiplica en el tiempo apropiado (alrededor de 15 miembros), sucederá una de dos cosas:

- El grupo seguirá creciendo y llegará a ser un grupo mediano en lugar de una célula. La comunidad se perderá porque el compartir llegará a ser superficial y seguro. ¡EL GRUPO PEQUEÑO DINÁMICO SE HABRÁ PERDIDO Y LA COMUNIDAD SE PERDERÁ JUNTO CON ÉL!
- El grupo dejará de crecer y crecerá hacia adentro. Será «¡nosotros cuatro y nadie más!» ¡Cuando el enfoque se aleja de la silla vacía y la evangelización y pregunta a quién más Dios que-rría beneficiar de este grupo, es el principio del fin! El grupo se mueve desde la dinámica de «Cristo en medio» (Mateo 18:20) hacia una mirada al ombligo. DE NUEVO, la comunidad se pierde.

¡La única manera de mantener la comunidad es dejarlo ir! La multiplicación le permite al grupo mantener el enfoque hacia afuera mientras continúa encontrando la comunidad dentro de la dinámica de una célula.

Sea paciente con sus miembros mientras los lleva a través de este proceso. El nacimiento físico es difícil porque el bebé no quiere dejar el ambiente seguro de la matriz por el riesgo desconocido del mundo fuera de su madre. ¡Pero la vida está afuera de la matriz! ¡Mientras usted ayuda a sus miembros a través de este tiempo traumático, usted experimentará la vida de Dios trabajando en y a través de su célula!

[9] Jim Egli, «Arriba, Adentro, Afuera, Adelante» (Houston, TX: TOUCH Publicaciones, 2000).

Capítulo 7

[1] David Augsburger, «Cuidando lo Suficiente Como Para Confrontar» (Ventura, CA: Regal Books, 1981), 9-10.

[2] Ibíd., 11-12.

[3] Ogne y Nebel.

[4] Maxwell, «Desarrollando a los Líderes Alrededor de Usted», 128.

[5] Whitworth, et. al., 24.

[6] Ed. Lawrence Khong, Manual del Asesor del Asesoramiento del Aprendiz del Supervisor de Zona (Singapur: TOUCH Ministries Internacional Pte Ltd., 1998), C-TN15-20, C-TN16-20.

[7] Blackaby, et. al., 138.

Capítulo 8

[1] Juan Kotter, «Dirigiendo el Cambio» (Boston, MA,: Harvard Business School Press, 1996), 182.

[2] Robert J. Clinton, «La Formación de un Líder» (Colorado Springs, CO: NavPress, 1988), 127.

[3] Ibíd., 69.

[4] Firebaugh, 41.

[5] Peterson e Hicks, 62.

Capítulo 9

[1] Khong, B-TN20-55.

[2] Ibíd., B-TN18-55.

[3] Maxwell, El Desarrollo de los Líderes Alrededor de Usted, 80.

[4] Wishman.

[5] Citado en Firebaugh, 21.

Capítulo 10

[1] Las siguientes etapas no se han investigado a fondo, porque asesorar es un fenómeno bastante nuevo en el mundo celular. La base para estas etapas es Ogne y Nebel. Yo le he quitado el excedente y/o cambiado las posiciones de las etapas que ellos recomiendan. Las etapas en la lista tienen mucho en común con el ciclo de vida de los grupos celulares, que yo he estudiado en detalle. Vea «Cómo Dirigir un Grupo Celular con Éxito» (capítulo 9).

[2] Whitworth, el et.al., 103.

[3] Algunas relaciones de asesoramiento terminan cuando el líder entiende cómo ser un asesor y empieza a asesorar a otros. En la iglesia celular, esto involucra la multiplicación de líderes que a su vez multiplican a otros líderes. «El Asesoramiento Co-activo» dice: «En algún punto los clientes alcanzan un punto de satisfacción –un punto cuando ellos están listos para avanzar más allá del asesoramiento. Es un punto en el cual las preguntas ya no surgen de la relación del asesoramiento. El cliente ha encontrado una voz para investigar y preguntar, una voz para la verdadera auto-expresión». Whitworth, et.al., 162.

Capítulo 11

[1] Adaptado del «Manual del Asesor de Willow Creek», 13.

[2] Steve Webb, comentarios al «Dilema de Darryl», Red de los Grupos Pequeños <http://smallgroups.com/dynamics/022002 news/darresp.html>, (19 de enero de 2003).

[3] Bobb Biehl, Discipulado: La Confianza en el Encuentro de un Mentor y Para Volverse Uno (Nashville: Broadman & Holman Publicadores, 1996), 162.

[4] Maxwell, El Desarrollo de los Líderes Alrededor de Usted, 69.

[5] Bill Donahue, «Construyendo un Gran Sistema de Asesoramiento, Red de los Grupos Pequeños», <http://www.smallgroups.com>.

[6] Cordle, 112.

[7] Donahue, «Construyendo un Gran Sistema de Asesoramiento».

[8] Jay Firebaugh creó el plan 1-2-3:

1. Una visita social con un miembro del grupo.
2. Reunión (reunión semanal del pequeño grupo y una reunión de entrenamiento cada dos semanas; en las semanas sin una reunión, ellos se conectan con su aprendiz de líder, aunque a menudo esta reunión es por teléfono).
3. Llamadas telefónicas o notas a los miembros del grupo.

[9] Len Woods, «Las Herramientas del Asesoramiento: Una Muestra Mínima de un Plan de Asesoramiento, Un Chequeo del Asesoramiento y Una Lista de Chequeo de Nombramientos», Red de los Grupos Pequeños, <http://smallgroups.com/secure/dynamics/022002news/feature7.html>, (18 enero 2003).

Capítulo 12

[1] Owen.

[2] La excepción a esta regla: «Es una buena idea de llegar la mayoría de las veces sin ser anunciado o con poco tiempo de aviso. Esto le dará un buen entendimiento de cómo es el grupo y evita "preparativos especiales" que se hagan para usted». La zona Supervisor Seminar (Houston, TX: TOUCH Outreach Ministries, 1997), C-4.

[3] Donahue, «Construyendo un Sistema de Asesoramiento de Éxito».

[4] Donahue, «Construyendo una Iglesia de Grupos Pequeños», 146.

Índice temático